幼稚園は事件がいっぱい

保育随想 3

はじめに

「それが話といえるかよー」……。

ある年の新年子ども会で、わたしは話を終えるや否や、年長組のTくんにこのひと言を浴びせられました。わたしは情けない気持ちでトボトボとひっ込みました。

新年最初だから簡単な話でいいかなと思い、「風邪をひかないように」とか、「寒くても元気に遊ぼうね」などという、中身のない話ですませてしまったのです。

Tくんは「いつも話してくれるような話聞きたかったのにー、今日はどうしたんだよー」という気持ちで言ったのでしょう。

そうだとするとこのひと言は、ご贔屓《ひいき》さんへ、聞き手のプロとしての厳しい言葉だったのかもしれません。Tくんにそのような力が育っていると思うと、わたしは何だかうれしい気持ちに変わりました。子どもは真剣に耳を傾け、見つめ、感じたことを率直に表現します。この時改めて、「子どもたちと付き合うとき、真剣勝負でなければいけないなー」と思いました。
Tくんの一撃、痛かったなー。Tくんあのひと言おぼえてる?

井口佳子

幼稚園は事件がいっぱい　目次

本文イラスト　井口佳子

幼稚園は事件がいっぱい

中瀬幼稚園地図

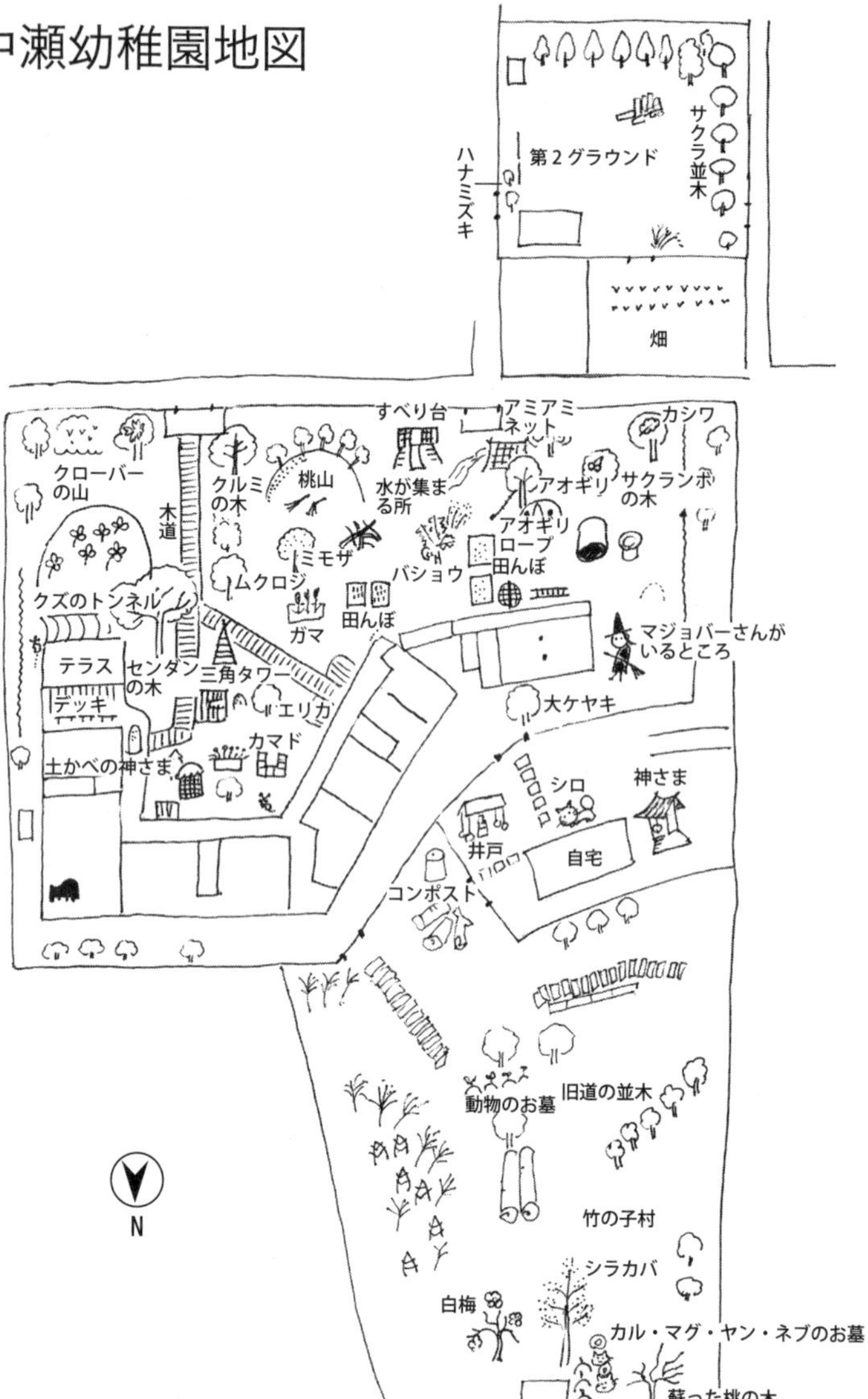
第2グラウンド
ハナミズキ
サクラ並木
畑
すべり台
アミアミネット
カシワ
クローバーの山
木道
クルミの木
桃山
水が集まる所
アオギリ
サクランボの木
アオギリロープ
田んぼ
ミモザ
バショウ
ムクロジ
クズのトンネル
ガマ
田んぼ
マジョバーさんがいるところ
テラス
センダンの木
三角タワー
エリカ
デッキ
大ケヤキ
カマド
土かべの神さま
シロ
神さま
井戸
自宅
コンポスト
動物のお墓
旧道の並木
竹の子村
シラカバ
白梅
カル・マグ・ヤン・ネブのお墓
蘇った桃の木
N

捨てるなら飼わなきゃいいのに

園舎裏側のケヤキ（欅）の下で耳を澄ませると、木の上から「チー、チー、チー、チー」というヒナの声が聞こえます。あちこちにあるケヤキの洞（ほら）で、ムクドリのヒナがかえっているのでしょう。そのなかに、野生化したインコも混じっているようです。

どんなエサを親鳥は運んでいるのでしょうか？「チー、チー、チー、チー」という声は、親鳥が〝サーッ〟と飛んで巣に戻ってくると、急に聞こえ始めます。

まもなく、ヤマザクラ（山桜）の実が濃い赤に熟してくる頃になると、ケヤキの下には子どもたちがしゃぶったウメボシの種のように、すっかり果肉が食べられた小さなサクランボの種が落ちはじめることでしょう。種から想像すると、どれもすっかり熟したと思われるものばかりで、本能的にヒナのことを思う親鳥の健気《けなげ》さに、毎年のことながら心打たれる思いがします。

ツバメが地面すれすれに飛んだり、キツツキ（たぶんコゲラでしょう）が「ギー、ギー」と鳴いて、アオギリ（青桐）によくやって来ます。きっと小さな虫をつついて食べているのでしょう。

そして、子どもたちがお弁当の時間になり、園庭が静かになった頃や誰もいなくなった夕方の水場で、ムクドリが集団で、また番《つがい》で〝バシャバシャ〟と水浴びする姿は本当に可愛いものです。スズメの水浴びも土浴びもそうです。鳥たちにとっても世の中が平和であって欲しいものですね。

しかし、可愛い鳥ばかりではありません。連休の頃のことです。これから生まれてくるヒナ鳥のためにでしょう、せっせと枯れ葉などをくわえて巣へ運んでいた番のムクドリがいました。その片方をカラスが鋭いクチバシでくわえたかと思うと、もがくムクドリをたちどころに食べてしまいました。それを残されたもう一羽が悲しんだかどうか、私たち人間にはわかりませんが、その後も、残されたムクドリは相変わらずせっせと枯れ葉などをくわえては飛び立っていました。片親（父か母かはわかりません）

で育てられたヒナたちが元気に育っていることを願わずにはいられません。

また、五月のある日のこと、『竹の子村』（園内の竹林）に、誰か心ない人が捨てたと思われる子ネコがカラスに頭をやられ、無残な姿で五匹も横たわっていたのを、年長組の子どもたちが見つけました。五匹は恐怖で逃げまどっていたのでしょう。バラバラなところで死んでいました。

子どもたちは「カラスのやつめー」などと叫んでいましたが、担任のフブキ先生に「カラスが悪いんじゃない！　カラスはお腹が空いていると、小さな動物でも襲うことがある。カラスはそういう生きもの。それよりも、飼うなら責任をもって飼わずに、こんなところに投げ捨てた人間が悪いんだ。みんなはこんなことをするんじゃない！」と言われていました。

すると、子どもたちは、「捨てるなら飼わなきゃいいのに」と、口々に言いはじめました。

まだ〈死〉というものがはっきりとわかる子ばかりではなかったと思いますが、その後、園で飼っているウサギの『ネブちゃん』の世話当番は、雨の日でも、レインコートを着たり、傘をさしたりして頑張っている姿から察すると、この出来事が子どもたちに何らかの影響を与えたことは確かです。

　動物に出会ったとき、頭をなでて〝いい子、いい子〟することは簡単です。しかし、エサを与え、住み家をきれいにし、最後まで世話をすることが、本当に可愛がることだと思います。

　余談ですが、六月一四日に一九歳になるネコの『カル』と『マグ』（二匹は昨年長寿の功労動物として日本動物愛護協会より表彰されました）の母親のヤンも、捨てられた時にカラスに耳や目をやられたようで、耳のないネコでした。あまりの姿に拾ってきたのですが、カラスに襲われたとき、相当ショックを受けたのでしょうね。からだを震わせることは交通事故で死ぬまで治りませんでした。

ただそうしたいから

Sくんはジョウゴの底に、ハクモクレン（白木蓮）のアスパラガスのような実（？）を栓にして、乾いた白砂をかき集めて山盛りにすると、その栓を抜いた……。すると、サラサラの砂は、砂時計のように流れ出た。

Mちゃんは、ヤカンに入れた水を、薄く砂の積もった砂場の縁に流すと、そこだけ水の勢いで砂が除かれ、きれいなコンクリートの部分が現れた。その近くにはプラスチックの箱があり、六つに仕切られた一つだけに砂が詰められ、お椀で押したような円形の跡がつけられていた。誰が、何のためにこうしたのだろうか？

Hちゃんとちゃんともう一人がアジサイとサクランボの小さな種を飾っていた砂のケーキは、本当に美しかった。

今日は、どの学年の子どもたちも、砂や土でせっせと遊んでいた。自分のしていることが、得になるのか、そうすることで賢くなるのか……。

そんなこととは無縁の、「そうすることがおもしろいから」、ただ「そうしたいからしている」という、子どもの世界をかいま見た思いがしました。

イメージする力

ある月のお誕生会、カラスがお菓子を食べて『竹の子村』にその袋を落としていった話をした時のことです。わたしはその袋を子どもたちに見せずに、身振りを交えて、

「おっ、こんなところからつっ突いて穴をあけたんだね。ここにはこんなに大きな穴があいている。ここからカラス、お菓子だして食べたなー。あっ、ここには小さな穴がいっぱい。何回もつっ突いたらしい。なかなか破れなかったみたい……」

子どもたちはシーンとして、わたしの手元にあるその見えない袋を見ていました。

もうこのへんで実物を見せてあげてもいいかなと、竹の子村に落ちていた、その不二家のパイの袋をポケットから取り出し、子どもたちの前に広げたとたん、今までふくらませていた〝袋に対する自分のイメージ〟がパチンとしぼんで、現実に引き戻さ

れたような表情になったのです。

あのとき実物の袋を見せず、ずっと話していたら「どうなったかな」と思いました。

また、誰かが「あっ、聞こえる、聞こえる」と、何かに耳を押し当てて聞いている時も、子どもたちは「どんな音かな?」と、聞こえない音に対してイメージをふくらませ、耳を傾けているのではないかなと思う時があります。貝殻に誰かが耳をあてて、海の音を聞いている時や、電話ごっこの時です。

残念なことに、近ごろは、子どもたちがイメージする部分を残しておかずに、ごていねいに〝これでもか、これでもか〟と、どぎつい映像を押しつけているのではないかと、テレビを見ながら思う時があります。

雨が今にも降りだしそうな薄暗いとき、不思議(?)な話をすると、

「ぼく、それみたことある」

「これもタケンコザウルスの骨かもしれない」

「ぼくもその茶色のヘビ、ここで見たよ」

「これなんだろう、怪しいね」……。

子どもたちは、ドキドキしながら、見えない世界に入っていきます。

どうして？

カタツムリの殻

「アリはどうして小さいの？」

「チョウチョはどうして飛ぶの？」

「幼虫はどうして脱皮するの？」

「チョウチョにはどうして模様があるの？」……。

二宮穣先生《にのみやゆたか》（十文字学園女子大学の昆虫の専門家）は、子どもたちから数々の難問ぜめにあっていました。

「カタツムリの殻はどうしてやわらかいの？」（「海の貝は硬いのに」という意味もあったと思います）という質問には、水の中では人間が浮力の関係で浮く話から始まり、水の中の貝は重くても水の力で重さを感じないので、硬くて重いほうが便利だから。しかし、地上の貝は、水の中ではないので、「重いと困るので、軽いからやわらかい」との答えに、みなわかったように「ああ、そうか！」……。

私たちがあたり前と思って、考えもしなかったような、あたり前の質問に答えるほどむずかしいものはないかもしれません。時には苦しまぎれの解答もあるそうです。

バナナムシ

ヨコバイが、セミのように〝オシッコ〟のようなものを飛ばすこと、ご存じですか？

二宮先生のお話によると、あれは樹からとった余分な水分をからだの外へ出しているのだそうです。

ヨコバイのことを、いつからか、子どもたちは『バナナムシ』と呼んでいます。からだが黄色く、形がバナナに似ているからでしょう。うまい名前をつけるものだと思います。〝バナナムシ〟のほうがピッタリです。ちなみに、からだが黒っぽく、銀色に輝いている虫は『ギンムシ』です。

そのバナナムシが、通称『バナナの木』（芭蕉）にたくさん付いています。その大きな葉の裏にいる虫の数を、よく数えている子がいます。

バナナの木がまだなかったころ、バナナムシたちは工房の前のハクモクレン（白木蓮）の葉にたくさん止まっていました。

ある天気のよい日、ハクモクレンの木の下でお弁当を食べていたクラス。

「ここだけ雨が降ってるなんてヘンだね？」……。

翌日、バナナムシをたくさん見つけ、あれはバナナムシの〝オシッコ〟だったのだと知ってビックリ。でも、あれはオシッコではなかったんですね。最近になってわかりました。

まだコオロギなどが、か細い声で鳴いています。そして、卵を産み終えたカマキリが、なんとなく弱々しく葉の間に潜んでいるのが見つかります。あんなに元気に飛びまわっていた虫たちにも、間もなく冬の季節がやってきます。

カルのこと

『マグ』が死んでから、『カル』はすっかり元気をなくしてしまっています。ネコはイヌよりも、こういうところは敏感なのだそうです。二〇年近く一緒だった〝相棒〟を失ったのですから無理もないでしょう。マグの仏壇の前の座布団の上で寝ているときなど、とても寂しげです。

食欲も、後ろ足の力も、日に日に失われていくようです。手を尽くして世話をしていますが、仕方のないことですね。あと半年で二〇歳になるのですから……。ネコの平均寿命は六～七年だそうです。夜は自宅で暖かくして休ませますが、朝になると、幼稚園に行きたがります。本当に幼稚園が好きなんです。子どもたちが近くにいると、シッポの先をほんのすこし振ります。うれしい時のしぐさです。

カルの死

あの日、「今日はとくべつ、花壇の花も切っていい」と、カルをたくさんの花で飾り、お別れをしたあと、午後、竹の子村にカルを埋めました。そのとき、何人かの小学生が、早退をしたのかランドセルを背負ったまま駆けつけてくれたことは、うれしいことでした。

子どもたちが帰ったあと、各クラスの担任が、子どもたちの描いたカルの絵を、職員室のカルの写真の前に供えていました。『カルちゃん、たくさん遊んでくれてありがとうって、カルちゃんの絵を描いてお供えしようね』と、きっかけは担任がつくったのかもしれませんが、どの絵にも、子どもたちの「カルちゃん、描きたい」という気持ちがあふれていました。

生きものが死んだとき、「かわいそうだね〜」「死んじゃってさびしいな〜」と、お花を手向けて手を合わす。それだけで十分かもしれません。しかし、カルにお弁当を食べられたことも、引っかかれたことも（あったな〜）、抱くとあったかかったことなどを思い出しながら、黒と茶の混じり合った小さなネコのことを、ひとつひとつ、形にしていく。

どの絵も、線がとても静かで、カルが、そしてマグも楽しそうに描かれていました。カルと一緒にいると、気持ちが落ち着いて、心地良かったのでしょう。

年少の『とまと組』のYちゃんのお母さんが、翌日「家に帰ってずっと描いていたんです」と言って、数枚のカルの絵を見せてくださいました。カルをよく抱っこしていたYちゃん、死んでしまったカルへの、言葉では表現できない気持ちを、この数枚の紙にぶつけたのかもしれません。お母さんによると、「自分の心を落ち着かせるため、必死で描いていました」……。

Yちゃん、そしてほかの子どもたちもみ〜んな、このような思いで〝心の整理〟をしていたのかもしれないと思いました。まだ言葉でうまく語れない幼い子どもたちにとって、〝描くこと〟にはこのような意味があるのだということを実感しました。

Yちゃん、翌日「姫リンゴとってい〜い？」と走ってきて、とても明るい表情をしていましたし、ほかの子どもたちもそうでした。

その日の活動は、ふかし芋でした。火をおこす時も、枯れ枝の入った大きな段ボール箱を運ぶ時も、大鍋のススを掃除する時も、仕事をすることがとても楽しそうで、このような日、一つや二つはあるはずの友だちどうしの〝トラブル〟もなく、和やかな日となりました。

そしてわたしが、昨日子どもたちがハサミで切った花壇の手入れをしていると、

「きれいね」

「どうしてそれ切ってるの？」

「これオジギ草みたいだけど、そうじゃないよね」

と、*ミモザアカシアの芽にそっと触れている子、キバナコスモスの花びらを拾って『花びら笛』にしている子……。花への興味もいつもとは違うことを感じました。

この日のことは、気持ちよい秋日和のためもあったかもしれませんが、カルの〈死〉と出会い、ていねいに送ったこと、そして、カルの絵を描いたことと無関係ではなさそうに思えました。

「しあわせなネコでした」と、わたしがつぶやくと、あるお母さんが、
「わたしたちがしあわせにしてもらったのよ」……。

小さいけれど大きな存在だったようです。

二年ほど前まで、カルはわたしと一緒に、門の所で子どもたちを迎えていました。登園時刻が遅い日でも、こどもたちがやってくる八時五〇分ころになると、まだ誰の姿も見えない正門のほうへ歩いて行くこともありました。どうして時間がわかるのか、不思議でした。

最後の朝、後ろ足の力がなくなっているのに、フラフラしながら、休み休み、幼稚園のほうへと歩いていったカルの姿が忘れられません。本当に幼稚園が好きだったんですね。

＊ミモザアカシア：わたしが種をまき、やっと三つほど芽を出して見事な木に成長して、黄色い小さな花を木いっぱいにつけて、ドキュメンタリー映画『風のなかで』に花を添えてくれたミモザアカシア。この頃はまだ、ほんの芽だったんですね。

姫リンゴ

近くの小学校がお休みで、小学生が〝お手伝い〟という約束で遊びに来た日、一緒に〝たき火〟をしました。その日いらしたお母さんが、焼きリンゴをつくり、小学生たちがおいしそうに食べていました。

年長組の子たちがその様子を見ていたのでしょう。次の日も小さな〝たき火〟をしましたが、数人の子が姫リンゴをとってきては、すでに冷えてしまった灰の中に放り込み、「もう少しだよ」「もうちょっと」などと言いながら、灰がついただけで中はそのままの姫リンゴを取り出し、「焼けた」と言って灰を水で洗い流しては、「焼くとやっぱりおいしいな」とかじっていました。灰がつけば焼けていると思っているのでしょう。

燃え上がった火の中に入れ、やわらかく焼けた姫リンゴも「ちょっとヘンだな」という顔をしながらも、口にしていました。灰をつけたあと、まったく味が変わらなくても、焼いておかしな味になっても、ひとつ手を加えると、何かお料理のようなことをしている気分で、満足気ですが……。

今年は、となりの柿畑の柿もなくなってしまい、とって食べるものは、もう姫リンゴしかありません。食べるものが乏しいと、いつもならそれほど人気のない姫リンゴにも意欲的になるようです。

食べることと火……。子どもたちはいろいろ考えるものですね。今年もまたその季節がやってきました。

人生に必要な知恵はすべて幼稚園のたき火で学んだ

子どもたちは自分の力で考えています。しかし、友だちのしていることを見たり、友だちなどから教えられて気づいていくことは、〝仲間の中で〟育つことの良さでもあるのでしょう。

【たき火でお芋など焼いて食べるとき】

● 水は用意したかな? ジョウロに水入れて。
● 食べたい人は葉っぱを集めてきてね。煙が出ないよう、よく燃える葉っぱね。
● 葉っぱ集めしないで食べちゃった人は灰の片づけしようね。
● たき火のあとは灰を片づけてきれいにしようね。灰は灰の山へ。

●使った道具は元の所へ戻そうね。汚れていたら洗ってね。

……などに気をつけながら活動します。これも仕事の手順であり、仲間と一緒に過ごすルールでもあると思います。

〝たき火〟をしていると、いろいろな場面に出会います。

一生懸命葉っぱを集めて運んでいたのに、タイミングがよくなかったようで、少ししか、または一つも食べられない子、「でも、まあいいか」という顔をしている子、友だちがたくさん運んできた葉っぱの箱を、最後のところでちょっと持っただけで「葉っぱ持って来たよ」という子もいた（そうです）。何もしないのに、焼き上がったころになると入ってくる子がいるし、そういう子は誰かに指摘されながら、〝これじゃよくない〟と気づいていくのでしょう。

先日も、仕事しないのに、おいしそうに焼けた、少し大きめのお芋をしっかり食べている子と、ふと目が合いました。すると、自分でも少し気がとがめたのでしょうか、「このおイモは少しかたい」

ウソだ〜。ホカホカ湯気が出てたよ〜、やわらかそうに……。

もちろん〝友だちのために〟と、仕事をしているような子もいます。律義に、雨の中でも最後まで灰の片づけをしている子がいました。そして、ていねいに年中児にやり方を教えている年長児がいました。何事もそうですが、灰の片づけも、考え方次第、やり方でおもしろくなります。水をかけて混ぜると灰で『お団子』がつくれます。水を少なめにかけて片づけると、土が濡れずにホカホカと温かく、まるで温泉のよう。ある年のこと、「ここでゴロゴロしたい」と言った子がいました。

食べることが園の中で多いからでしょうか、大きさを考えてお芋を分けようとする年長児も見られるようになりました。

『人生に必要な知恵は、すべて幼稚園の砂場で学んだ』（ロバート・フルガム、河出書房新社）という本がありますが、「人生に必要な知恵は、すべて幼稚園の〝たき火〟で学んだ」とも言えるような気がします。

子細に観るべし

氷が張り、日かげには霜柱が立つような寒い朝が多くなりました。氷でいろいろなことをしている子どもたち……。まず、田んぼの氷やクラスの前の氷を割らないように、できるだけ大きなままで取り出そうと、さまざまなやり方を試しています。せっかく丸いままで取り出せたのに、惜しくも割ってしまって氷のパズル……。田んぼの氷など、一部分が白く盛り上がって凍ることも不思議に思っています。

きれいそうな(?)氷を洗って、〝カリカリ〟〝バリバリ〟とかじる子、なめる子。透明な氷で向こう側を透かして見ている子……。確かに、朝日に透かせると虹色ができたり、きれいな影ができます。

先日、『カル』と『マグ』の仏壇に、小さな紙に乗せられた土の〝かけら〟が供えてありました。このごろ花が少なくなり、何か〝いいもの〟を見つけると、仏壇に供えるのです。霜柱がとてもきれいだったので、土がついたまま供えたのでしょう。霜や氷は、時間がたつと溶けてしまうことを「まだ知らないナ」と、微笑ましくなりました。

〝よく見ると〟冬の朝の園庭には、不思議なものやきれいなものがいっぱい……。最近では、園庭を一歩出ると、水たまりや土の部分がめっきり少なくなり、その分だけ、園庭の朝の楽しみが増しているようです。喜んでいいのかどうか、考えさせられます。

あ〜、いい具合になってきた

年長児の卒園まで約一カ月、いままでの遊びの積み上げもあるのでしょう。どの学年も、お友だちとの関係、そして、遊びも充実してきているように感じられます。

二月初め、年少の『とまと組』の子どもたちだけが、庭でゆったりと遊んでいた暖かな日のことです。Tちゃんが、土の山の上にタイヤを運び、下に向かって「ア・ブ・ナ・イ」と叫んでいました。

「ア・ブ・ナ・イ」

たったひと言でしたが、自分がこれから転がすタイヤの方向をしっかり予測できるようになったことが感じられました。今まででしたら〝アブナイ〟などと感じずに転がしていたかもしれません。山へ登ったり降りたり、いろいろなものを転がし、友だち関係もかかわって、すこし成長したからこそ、「思わず出たひと言だったのかな?」とうれしくなりました。

山の上からの〝タイヤ転がし〟は、三人でやっていましたが、一人が遅れると、ほかの二人はその友だちを待ってあげることができるようにもなっていました。

そのとなりの滑り台では、〝さかのぼり（逆登り）〟をしている数人の群れ（?）に、上から一人がすべり降りて、ぶつかってグチャグチャになることをおもしろがっていました。本当は、これは滑り台の使い方、ルール違反です。

この子たち、この時はそんなことは全部承知で、ぶつかっても、自分がギューッと押しつぶされても、〝怒りっこなし〟という、暗黙の新たなルールができていたのでしょう。このようなとき、笑い転げてしばらくは愉快そうにやっていても、かならず泣き出す子が一人ぐらい出て、この遊びは〝おしまい〟となってしまうのです。やはり三歳児なのですね。

これも二月の初めのことです。たき火で、竹を燃やしている時のことです。

竹は油分があるからでしょうか、よく燃えます。しかし、節が二つ以上あるものは中

が真空（?）になっていますので、火に入れると爆竹のような〝パーン〟と、大きな音がしてはねるのです。

わたしは、そのような竹がないか確かめ、見つけるとオノでタテ半分に割ったり、裂け目ができていれば大丈夫なので、よく調べます。また、土がついていると火を消してしまうので、ブツブツいいながら、わたしは子どもたちの中でこの作業をよくやっていました。

あるとき、節が二つある竹を火の中に放り込もうとしている子がいたので、「それダメ！」と叫ぶと、

「だいじょうぶ、穴あけたから」

「?」……。

よく見ると、節の所にしっかりと穴があけてあるのです。なるほど、オノでタテ割りにすることもありませんでした。「アタマいい」……。

たしかに、一方に穴をあければ〝真空〟にはなりません。しかし、彼らは両方に穴をあけていました。節の部分は比較的柔らかいので、棒を使えば、友だちと協力しながら、穴はあくのでした。

自分たちで考えたのでしょうか？ それともどこかで知ったのかもしれません。これも遊びの中で得たひとつの知恵でしょう。手足を使って遊ぶこと（仕事といっていいかもしれません）は「大切だなー」と思います。

灰の片づけの時の〝水加減〟もわかるようになった子もいます。ほどよい量の水をかけて灰を片づけると、たき火のあとの地面が〝温泉〟のようにホカホカ……。するとそれを知ったKちゃん、

「あ〜、いい具合になってきた」……。

このようにするには、「水の量はどのくらいですか？ えっ、ジョウロに三杯、大きいほう？ 小さいほう？」……。

どこかで大人たちの質問が聞こえてきそうです。

モノへの興味

春は空気も気まぐれなのでしょうか？

秋から冬にかけて、たき火をしていても風が起こりにくいのですが、春は突然〝つむじ風〟が起こるように、風がない時に火を燃やしていても、方向の定まらない風が起こり、燃えカスが舞い上がったりして気を使います。そして、陽炎《かげろう》もよく見られ、向こう側の風景がユラユラして、子どもたちをおもしろがらせます。

秋の空気と春の空気はどこが違うのでしょうか……？。

〈火〉は私たちにいろいろなことを考えさせてくれます。

ある日、スギの葉はまだ緑色をしていても、燃えることを知ったMちゃんは、「ふしぎだね〜」とつぶやいていました。お線香の材料として使われるというスギの葉は、良い香りを漂わせていました。いままで、子どもたちは、〝枯れたもの〟がよく燃えると知らされていました。ですから、彼らは〝芝刈りじいさん〟の竹カゴを背負うと、クヌギ（櫟）、ケヤキ（欅）、スギ（杉）、カシワ（柏）などの枯れた葉や、立ち枯れたジュズダマの茎、ヨウシュヤマゴボウの茎、枯れ草などを集めてきました。緑のものが燃えるなんて、思いもよらなかったのでしょう。

また、〈火〉は吹くとよく燃えると思っている子どもたち……。

Tくんもそう信じていた一人で、ある時、ガスコンロの火を吹いていたそうですし、またある時、焼き肉やさんで灰の中の炭火を吹いてしまったので店内は灰だらけ……。大騒ぎになってしまったそうです。思いがけないことにTくんもびっくりしたでしょうし、事情を知らないほかのお客さんたちは、さぞ迷惑そうな顔をしたことでしょう。

以前、子どもから、

「たき火*の火は吹くとよく燃えるのに、ローソクの火は吹くと消えるのはどうして？」

と言われたことがありました。

年長児が『江戸東京たてもの園』（小金井市）へ遠足に行ったときのことです。

昔の農具や民具が置かれた囲炉裏《いろり》でボランティアの方が火を燃やしていました。子どもたちは自分たちも経験しているので、興味をもって聞いていました。そのお話の中に〝養蚕《ようさん》〟のことが出てきたのですが、『おかいこさん』（蚕）は初耳だったのでしょうか、火の話を聞く時とはまた別の自分が知らないことに対し〝ハッ〟とした子どもたちの表情を見ました。

〝たき火〟の中で育ったモノへの興味は、別のところでも生かされるのでしょうか。そうであることを願います。

囲炉裏のあるたてものを離れるとき、ボランティアの方が、

「話を聞く目つきが違うね～。いいね～、話し甲斐があるよ。ほかの園も来るけど、こうじゃないよ。どこの幼稚園?」……。

「へえ～、杉並で！　お米つくってんの。たき火やってんの?」……。

とてもうれしくなりました。

今年度もあと少し。いちばんいい時です。気候も、花も、子どもたちも……。

ふと気づくと、『カル』と『マグ』の場所に小さな花が供えられていたり、水の干上がった田んぼに〝アッ〟と気づき、ジョウロで水を入れたり、ゴミを取り出している子……。そんな姿に植物や生きものへの気持ちが育っていることを感じます。

カエルも水場に卵を産んでいきました。「ここなら安全」と、わが子たちを託していったのかもしれません。

子どもたちのこのような気持ちは、「学習以前の、もっと大切な部分なんだけどなー」と思います。最近、この部分が軽んじられています。というよりは、抜け落ちているように感じます。せっかく育ったこの小さな〈芽〉、大人たちが摘み取ることのないようにしたいものです。

＊　Hくんの質問です。どう説明してよいかわからず、当時、東京家政大学で環境について教えていらした山内昭道先生にお伺いすると、マイケル・ファラデーの『ロウソクの科学』（二〇一〇、岩波文庫）を読むようアドバイスを受けました。今は亡き先生は「子どもの質問にわかりやすく答えるのは、本当に難しい」とおっしゃっていました。

ネブちゃんが死んだ

三月一二日、ウサギの『ネブ』ちゃんが死んでしまいました。その日の子どもたちの様子です。

ネコの『カル』と『マグ』のこともありましたので、子どもたちは〈死〉ということを、幼児期としては、比較的しっかりと受けとめることができるようになっていたようです。

いままで、いろいろなウサギやネコなどと過ごしましたが、この〝三にん〟が、私たち人間に、それぞれの形でとてもよく反応してくれたことは珍しいことでした。ネブもカルもマグも、単なる飼われているウサギやネコではなく、子どもたちの仲間の〝ひとり〟にもなっていたようです。ネブちゃんも、かけがえのない仲間でした。

子どもたちが動物の〈死〉に接し、涙を流して悲しむことができるようになったのは、子どもたちの心の中に〝何か〟が育ってきたからではないかと思います。可愛がって世話をした分だけ、悲しみも大きいものですね。

ウサギがどんな草を食べて、抱っこするにはどうすればよいか、どんなふうに小屋の掃除をすればよいか……ということは教えることができます。しかし、可愛いと思ったり、死んだ時に悲しむ気持ち、〝情〟とも言える愛着の気持ちは教えることができません。

遊んだり、世話をしたり、一緒に過ごす中で、ゆっくりと〝芽生え、育っていく〟ものでしょう。とても純粋な幼児期の〝今〟しか、育てることのできない感情、もっと先では、もう間に合わないようにも思います。

ネブちゃんと過ごした日々は、とても楽しいものでした。小さなからだで、とても大きな喜びを私たちに与えてくれていました。庭を走り回ったり、アミに手をかけて、人恋しそうにしたり……。

ネブちゃんのいない、ガランとした小屋を見るのは寂しいことですが、時間の流れが癒してくれるでしょう。この小屋、しばらく〝このまま〟にしておこうと思います。

一年生になった年長児たちが園に来たとき、〝ネブちゃんの家〟にほかのウサギがいたら複雑な思いを抱くかもしれませんから……。「やっぱり、ウサギがいないとさびしいね。ネブちゃんもうい～い？」という気持ちになるまで、待ちましょう。

もうすぐ、やわらかな春の草が伸びてくるでしょうね。

「ペンペングサも、クローバーも、タラノメも、ハコベも、おいしそうにたべたね。ときどき、幼稚園にきて、桃井第五小学校のウサギの『まろん』ちゃんに、そして、ほかの学校のウサギやニワトリにもつんでもっていってね。もうすぐ一年生になる『どんぐり』組、『きのこ』組のおともだち、よろしくね」

ケヤキの知恵

今年はケヤキ（欅）の新芽の出方が遅く、不揃いなことに気づいていらっしゃいますか？　部分的に、あちこち固まりのようになって芽吹いたり、南側はまったく芽吹いていないのに、すでに北のほうは色濃くなっていました。南側は風をまともに受けるので、芽が出るのが遅いのかなとも思います。例年ですと、多少の早い遅いはありますが、どのケヤキもやわらかな黄緑色に、いっせいに芽吹くのです。

わたしの祖父がよく言っていました。

「こんな年は〝遅霜《おそじも》があるぞ〟」……と。

暖かい日が続いて、このまま初夏になってしまうのかと思っていると、霜とまでいかなくても、とつぜん気温の低い日があったり……。一週間ほど前には、冷たい北風が吹き荒れました。早く出ていたケヤキの芽は、この風にだいぶ吹き飛ばされてしまいました。ケヤキの新芽は、ほかのカキ（柿）やハクモクレン（白木蓮）などにくらべ、やわらかいように思います。

　やわらかな、傷つきやすい新芽を不順な気候から守るため、先を予測するような力が備わったのでしょうか？　ケヤキはお利口なのでしょうか？

身近な感触に親しむ

まだ一学期。無理もないでしょうが、湿ったクローバーの山を素足で歩く感触を嫌がって、ちょこちょこっと歩いただけで出て行ってしまう子、年長児の〝田んぼこね〟で、思いっきり〝ドボン〟と田んぼに投げ落とされた稲の切り株のハネ返りを顔に受けても動じない子、田んぼの中の少し粘り気のある黒い土が体についても平気な子、ちょっと尻ごみする子もいました。なかには泥の中に手を入れてかき回して、「上のほうは暖かいけど、下のほうは冷たくて気持ちいい〜」という子、素足で切り株の入った桶に入り「グチョグチョって感じ」という子、石ころの入った桶に入って「いてえ！」と叫ぶ子もいました。

新しいことに手を出したり、足を踏み入れることにより、その子の世界が感覚的に拡がっていくように思います。

　田んぼの中に手を入れることができなかったら「下のほうが冷たいのはどうしてかな～」という、「?」の世界に触れることはないでしょう。茂みに足を踏み入れなければきれいな花を手にすることはできません。園のクローバーの山に登ることがなければ、別の視点からの空や風景を見ることができません。

　まだまだ一学期、絵の具を嫌がったり、砂や水で遊ぶことに消極的な子もいます。やがてはじめての感触にも親しめるようになって欲しいと思います。

ケンカ

ある日の午後、年中組の男の子数名が砂場で遊んでいたとき、二人の男の子が一本の〝トイ（樋）〟をめぐって取り合いになってしまいました。お互い相手の服を引っ張ったり叩いたりしながらも、近くにいたわたしのほうを時々〝チラッ〟と見ながらやっていました。

「たすけてくれないのかなあ?」

「しかられないかなあ?」……。

あの時の目つきは、「叱られないかなあ?」という、後ろめたい気持ちだったのじゃないかな（?）と思います。近くにいた子が、

「先生よんでこよう」

と言ったとき、ケンカしていた一人がそれを制止し、

「おこるなよ」

と言って、自分たちのケンカのいきさつを、身振りを交えてたどたどしく説明すると、まわりの子も納得したようでした。まわりの子が本当にわかったかどうかは「?・」ですが、そこでケンカはおしまい。

「いつまでもこんなことしてちゃいけないんじゃないか」と、ふと思ったこと、まわりの友だちが心配している様子だったこと、わたしの二人へのちょっとしたひと言、そんなことも効いたのでしょうか。

自分たちの力で何とか問題を解決していこうとする子どもたちの姿の〝ひとこま〟を見た思いがしました。その後、例の二人の男の子を含めた数人の〝砂遊び〟は、順調に進められていました。

距離感

私たちは子どもたちを、大人の歩幅やペースに引き寄せて、急がせてはいないでしょうか？

子どもたちは生まれてから、その年齢相応のペースで生きています。初めは何をするにもゆっくりとゆっくりと、そして、少しずつ少しずつ、その歩みを速めていくようです。

私たち大人も子どもたちのペースに合わせてみると、子どもたちはじつに多くのものを見、そして、感じていることがわかることがあります。

風の吹く日、クローバーの山のてっぺんにゆっくりと座っているとき、「風さんがね、あっちからきて、あっちへいったよ」とつぶやく子。地面に転がる小さな種を、大人では見えないような小さな種を拾い集める子。アリの行列をジッと見ている子。そして、それがどこまで続いていくのかずっとたどって行ったり、小さなアリが自分よりも大きい虫の死骸を運んでいる様子を黙って〝ジッ〟と見ている子……。

子どものペースでなければ見えないもの、感じられないものが身近なところにたくさんあるように思います。

ある本の中にこんな一説があります。

「……たとえば、そこに坐っておられる斎藤先生と私の間に、これだけの距離がありますね。（中略）ここにも、その生命記憶が目に見えぬかたちで裏打ちされている。それは、かつて、そこからここまで、いって見れば、〝畳の目〟をなめなめしながら、エッチラオッチラはいはいしてきた、その記憶です。（中略）この丈夫な裏打ちがあって、はじめて距離感というものが出てくる」

（『内臓のはたらきと子どもの心』、築地書館、三木成夫）

多少、我田引水のようで気がひけますが、子どもは自分の年相応のペースの中で〝距離感〟をはじめ、ゆっくりといろいろな〝感覚〟を獲得していくということではないでしょうか。

子どもたちは、自分の足で園庭をあちこち歩きまわっています。木の茂みをまわって、流れを飛び越えて、高い丈の草の茂ったすき間を通り抜けると広いところに出ること。土の山を越えて、草山のまわりの細い道を通って園舎の裏をずうっといくと、ジャングルジムのところに出ること。子どもたちはいま、這い這いした時の〝距離感〟に裏づけられた、今の距離感や時間の感覚を育てている時ではないかと思います。

そして方向感覚も……。

園舎の裏をグルッとまわると元のところに出たことにびっくりして、

「どうしてここがここなんだ!」

と叫んだ子がいました。

だいぶ以前のことですが、あの時の、あの子の、あの表情は忘れられません。

二段がいいかな？

先日、年長児が第二グラウンドでうんどう会の障害物競走「ど・き・ど・きレース」をしていたときのことです。

火曜日で、幼児グループの小さい子どもたちも、数名、手伝い（？）ながら見ていました。その後、年長児が終わってから、今度は、小さいお友だちにもお母さんが付き添ってやらせてあげようということになりました。

はじめは、お母さんも手をつないだりしてそばにいましたが、すぐに出る幕はなくなりました。世話好きなおねえさん、おにいさんたちが、小さい子のところに殺到したのです。微笑ましく見ていたら、ずっと先のゴールからいくつか手前の巧技台を、片づけようとしているのか、崩しているのか、Kくんの姿が見えました。

「あら、まだよ」と言おうとして近づくと、

「二段がいいかな?」……。

Kくんは高い巧技台を二段に低く直しているのでした。私たち大人は誰も考えないことでした。

Kくんは少し先を読んで、小さい子たちの登り降りする能力まで考えていたのですね。小さなお友だちにはピッタリの高さでした。

あとで、幼児グループのお母さんたちが、

「なんてやさしい子たちなんでしょう」

と感激なさっていたとのことです。

昆虫はどうして太らないの？

毎朝すこしずつ草木の手入れをしています。キバナコスモスの花殻摘みをしていると、よく晴れた午前中など、ハチ・アブ・チョウなどが楽しそうに飛びまわり、蜜《みつ》を吸ったり、花粉を集めたりしています。見ていると、ハチやアブは花粉を両脇に抱え込んだり、手（前足かな？）を花粉まみれにして口へ運んでいます。チョウは美しい曲線を描いたストローを出して蜜を吸っています。じつにおもしろい虫たちの世界が園庭のあちこちにあります。しかし、九月のころに比べると、虫は本当に少なくなってしまいました。チョウも、ハチも、バッタも、トンボも……。

ここキバナコスモスのところに二匹のカマキリが棲《す》みついています。緑色をした、大きな立派なカマキリです。雨の日も風の日も、細い茎にしっかりとしがみついていています。一匹はだいぶお腹が大きくなっているので、間もなく卵を産むのではないかと思います。

先日の強い雨や台風のあと、「もういないのではないか」と探していら、二匹とも、とても元気そうで、ホッとしました。ふと、O・ヘンリー（米国の作家。一八六二～一九一〇）の『最後のひと葉』を思い出しました。あちらはたしか、壁に描かれたツタの葉だったと思います。いついなくなるかわかりませんので、毎朝二匹を探すのが日課になっています。

カマキリが捕まえる獲物は、ハチやアブが多いようです。ギザギザのカマで獲物をしっかりと押さえ込んで、頭からムシャムシャと食べ始めます。「音が聞こえます」とおっしゃったお母さんがいました。こんなとき、人間がちょっと手を出すと鋭い視線でこちらをにらみます。獲物は次第に小さくなり、全部カマキリのお腹におさまってしまうようです。

草花の手入れを手伝ってくださっていたIさんいわく、

「飼われているカマキリは、やはり野生のカマキリと同じように、獲物を頭から食べ始めるんですけど、内臓を残すんですよ。苦いからかしら？　カマキリも飼われていると過保護になるみたい」

お母さんがカマキリを飼っていたとは……?。

このごろ、昆虫の形って「美しいな」と思うようになりました。さっそうとしていて、獲物を捕り、子孫を増やすためのムダのない形……。ふと、私たち人間のからだ、そしてわが身を振り返ると、何か恥ずかしくなることがあります。

「昆虫はどうして太らないの?」……。

ある夏の子どもの言葉です。

昆虫学者の矢島稔*さんがまだ上野動物園の水族館の館長さんだった頃のことだったと思います。ご自身で撮られたみごとな虫のスライドを使っての講演のとき、おっしゃってました。

「昆虫は人には決してなつかないところがいい」……。

*矢島稔:昆虫学者・豊島園昆虫館の創設者。上野動物園水族館館長、多摩動物園園長を歴任。のち、ぐんま昆虫の森園長。

カマドの引退式

きのう、長年使って「もう引退したほうがいいかな」と思ったカマドの引退式をしました。このカマドには一〇年ものあいだお世話になり、おいしいお味噌汁、うどん、豚汁……いろいろなものをいただきました。底のほうに穴があき、汁物などのお鍋をのせると「そろそろ危ないのではないか」と思ったのです。

このカマドの最後の仕事は『ゆで芋』でした。

「カマドさん、おいしいものいっぱい、ありがとう」

と、カマドを囲んでお礼を言い、リンゴジュースを飲んでもらおうとしてカマドにかけようとしたところ、

「かけちゃうの？　もったいない」

と、二〜三人の子どもたちの声……。

たしかにそうかもしれませんね。赤いリンゴの絵のついた、きれいなジュースの缶でしたし、こんなときかけるのは、日本酒、ビールなどでしょう。でも、このカマドには、なにかリンゴジュースが合うように思ったのです。

ジュースをカマドにかけると、表面の鉄がジュースを吸い込んで、本当に飲んでいるようでした。一緒にその光景を見ていた子どもたちも「飲んでる、飲んでる」……。

ゆで芋のあと、子どもたちがこの古いカマドを砂と水を使っててていねいに磨き上げたので、水がよく滲みこんだのかもしれません。濡れたところに何度も指を当ててなめ、「あまい、あまい」と言っている子もいました。

このあと、処分しようと思ったのですが、新潟の地震で被災された方々が、このカマドと似たもので、夜に木を燃やして暖をとっている写真を新聞で見ました。そんなことが起こっては困りますが、何も乗せなければまだ使えそうなので、災害の時用にしまっておこうと思います。そう、子どもたちに話しましたら、

「地震のとき、また会えるね」……。

古いカマドとの別れを惜しんだ午後でした。

一匹のカマキリとの出会い

木製デッキのはずれにあるツル植物の茂みの高い所に、もう秋になり弱って羽がよれよれになった緑色のカマキリがいるのを見つけた子が、「あっ、カマキリ」と言って友だちに知らせると、すぐ何人かの子どもたちが集まってきました。

年長組のこの子たちは、じつはこのとき、アイ（藍）の葉を白い木綿の布に乗せて『叩き染め』をしていたのです。そして、もっとやってみたい子が、年長組の保育室からクローバーの山の北側に生えているアイの葉を採りに行き来していました。

その途中で、YくんとKくんが寄り道をして、そのツル植物の中のルコウ草の種を採っていました。二人はつい種に目がとまったのでしょう。そして、その日、『お花クラブ』のお母さんたちがハーブティを飲んだあと、ホーキ草やルコウ草の種採りをしてくださっていましたが、Yくんとくんのお母さんもその中にいたことを思い出しました。

Yくんとくん、その様子をどこかで見ていたのでしょうね。ですから、寄り道をして、種採りをしていたのかなと思いました。

あのクローバーの山の下のアイは、工房の方が植えてくださったものです。いま、よく似たアカマンマと一緒に咲いています。そして、あのアイの種は一二年ほど前、娘と山形の米沢に行ったとき、ふと知り合った方からいただいたものです。毎年毎年種を採り、今日に至っています。

あそこにアイを植えなかったら……、あそこにアイの葉を採りに行かなかったら……、ルコウ草の種を採らなかったら……あのカマキリは誰にも見つけられることもなく、次第に弱っていったことでしょう。

子どもたちが指さして騒ぐと、カマキリは〝カマ〟を振り上げ、三角の頭を〝キッ〟と子どもたちのほうへ向け、最後の力をふり絞っているようでした。

こうした子どもたちの生活の〝ひとこま〟がつくり出されるには、その背景にいろいろなことが、そしていろいろな人の姿があることを思いました。

いくつあるか数えよう

子どもたちにとって『数える』ということは、まず『並べてみる』ことでもあるようです。お芋を収穫し、「いくつあるか数えよう」ということで、園庭に、どこまでもずーっとお芋を並べていたときのことでした。

年中組の子どもたちは、自分のクラスの前から、エリカとキウイの間を通り、三角タワーのほうへと並べていました。

途中に小さな灰の山があります。この山を避けて並べるのかと思っていたら、その山の尾根（?）を通して並べていました。小さな細いお芋は転がりませんが、丸いお芋はコロコロと下のほうへと転がってしまいます。何回置いても同じことです。

すると一人の子が、

「ここは細いのを並べよう」

と言いました。ここまでは「そうだよね～」と思いながら見ていました。

しかし、 このような形をしたお芋を  のように置いた友だちに向かって、その子が「 のように置くといいよ」と言うのです。「なるほど！」……。

言われた子はどうしてなのか「?･」のようでしたが、そうしていました。こう置くとなんとなく不安定だったお芋は、安定しました。

これは、いろいろなものを手にして、そして、傾斜のある所で遊んだことや、自分で傾斜をつくって遊んだ中で育った〝カン(勘)〟のようなものだと思いました。たかが  と  、されど  と  ……。

〝遊ぶこと〟って本当に大切と感じたひとこまでした。そして、友だち同士でよりよい方法を伝え合っているんだなあ、と思いました。

幼稚園はいいな〜、自由で!

一一月末に、小学生が〝お手伝い〟と称して、園に遊びに来たときのことです。それぞれの子どもたちが、年長、あるいは年中、年少組の担任にスカウトされて、小さなお友だちの世話に保育室へ入って行ったのですが、二年生中心の数名の男の子たちは保育室へ行かず、花に水をやったり、枯れたアジサイの花を切ったり、クローバーの山の草を切るのを手伝ってくれていました。

そのとき、わたしがひと言、「アジサイはよく燃えるのよ」と言ったのがいけなかったのでしょう。〝たき火〟を止めることは、もうできませんでした。久しぶりのことに、ジョウロに水は用意するし、燃えそうな枯れ葉はサッサと集めるし、水ならぬ〝火を得た〟子どもたちでした。

そのなかでも、Sくんがとくに威張るわけではないのですが、

「いま葉っぱを入れろ」

「葉っぱ多すぎ」

「空気入れたほうがいい」……。

たしかにSくんの言うとおりなので、みな従っていました。

「幼稚園はいいな〜、自由で！」

と、うれしそうな顔……。

そうじゃない。こんなこと誰にでもやらせてあげるわけじゃない。火を扱っても大丈夫そうだからやらせてあげること、自由にするには、決まりを守ったり、責任を持つことなどを伝えましたが、わかったかな？

久しぶりに会った卒園生が、ときどき「幼稚園のときは自由にやらせてもらった」などと口にするのを聞きます。しかし、自由にできたと思っているのは彼らだけであって、〝たき火〟であれば灰の片づけまでしっかりすること、使ったものはきれいにして元に戻す（なかなかできなかったけれど）こと、働かなければ、ギンナンや焼きおせんべいを分けてもらえないことなど、かなり厳しい決まりがありました。友だち関

係についても弱い者いじめ、仲間はずれなど卑怯なことに対しては、担任が目を光らせていたのです。

『自由』ということは、本当は大変なことなのです。

追記：子どもたちが興味を持ちそうなこと、そしてそれが、これから生きていく上で、必ず必要になるぞと思うことを保育の中の活動の中心にしているのです。こちらで用意した活動と子どもたちの気持ちがピッタリと合ったということだと思います。だから「幼稚園のときは自由にやらせてもらった」なのです。つまり子どもたちは、まんまとわなにひっかかったということです。

また、日本人として育つことへのアインデンティティーも経験しました。田んぼをかき回してお米を作ることや歳時記の経験です。

二種類の氷

今年の冬は『暖冬』との予報ですが、新年早々、厚い氷が張ったり、霜柱がザクザク、そして木枯しも吹き、子どもたちの遊びを活発にしてくれています。

「きょうは転んでも痛くない！」……。

霜柱が立って、ぬかっていた日のことです。

土もいろいろに変化するのですね。

「かたい氷とやわらかい氷があるよ！」……？

透明な氷はかたく、白っぽい氷はシャキシャキとやわらかいとのこと。

そして、投げて割るとき、透明な氷は〝カリッ〟と割れ、白っぽいのは〝グシャッ〟と割れることを発見した子。これはすごい〝発見〟だと思いました。おそらく二種類の氷はでき方が違うのでしょう。

モノに手を出すことは、その子の遊ぶ力、そして考える力を引き出してくれるのだと思います。〝自然〟は何よりの遊び相手。しかし、向こうから遊んではくれません。遊びに誘ってはくれますけど……。

煙りは白いのに、影はどうして黒いの

子どもたちは、私たち大人が「どうしてだろう」など考えてもみなかったことに対して、鋭いことをときどき口にするのでビックリさせられます。そして、あらためて「どうしてだろう」と思います。水も、氷も、雲も、湯気も、陽炎《かげろう》も、透明セロファンも影ができます。『粒子』の問題なのでしょうか?

「子どもたちは、とても鋭く新鮮な目をしているな〜」

と、ふと思います。また子どもたちを見ていて、こんなことも感じます。

いちおう『何を作ろう』という目的はあるのですが、まず自分が〝おもしろく思うこと〟に熱中します。木片や段ボールなど、ゴリゴリと切る感触、そして切れた瞬間が〝たまらない〟ようです。

そして、目的から外れていくこともよくあります。

本人はそうではないのに、大人の目には、〝目的から外れている〟ように見えることも……。年齢が低いほど、目的にしっかり沿って作っていくというよりも、運んだり、掘ったり、切ったり、つなげたり、並べていったり……、その行為のなかに快感とも言うべき〝おもしろさ〟を感じているようなところがあります。

作ったもの、描いたものを眺めていろいろ考えるのは、少し先のことかもしれません。段ボールで作られたものも、そこで子どもたちが遊んでいなければ、なんだか〝残骸〟のように見えてしまうことがあります。しかし、よく見ると、子どもたちが小さな手で〝試行錯誤〟したあとが感じられるはずです。

白い煙を出していた仮設の『カマド』。花壇の近くに何枚かの大谷石をコの字形に積んでカマドとし、その中でたき火をしていました。二年あまり後、「この場所で大丈夫、ここでいいか」と考えたすえ、造園業の方に、耐火レンガを積んで、コンクリートの底も作り、固定したカマドを作っていただきました。

『カマド』が作られていく様子に〝ジッ〟と見入っている子がいました。

「どうしてレンガ、水に入れるんだろう」

「このレンガ、重いけど軽い」……。

重いけど持てるということなのでしょう。バケツの中でセメントをこねるのを見て、

「おじさん、遊んでるの?」……。

たしかに〝砂場〟でこういうこと、してますね。子どもたち……。

職人さんの仕事を見るのはおもしろいものですね。子どもたちのしていることと共通するものがあるようです。

「煙は白いのに、影はどうして黒いの?」

「たき火の火は吹くとよく燃えるのに、ローソクの火は吹くと消えるのはどうして?」

たき火を経験しているから生まれた疑問だと思います。

『火入れ式』のあと、またここから煙が立ちのぼることになります。

スクラップ帳

描きたい時に、描きたいものを描いているとその絵は、心の中のよい記録として残ることでしょう。小さい時からのものも、ずっと取ってあると、発達の流れがよくわかります。

●お兄さん、お姉さんのいる子は、上の子の影響が大きい。

●男の子と女の子では、やはり興味が違うので、描かれたものが違う。

●園では、お姫様の絵、あまり描かないけれど、家ではこんなにたくさん描いている。女の子はやはり、お姫様にあこがれているのだなあ。そして王子様にも……。年長になるにつれ、その気持ちは強くなるようで、バリエーションの豊かさには目を見張るものがあります。

●お手紙を書くのも女の子に多いようです。
●この子、穏やかだけど、こんなに戦いの絵を描いている。やはり男の子だなあ。
●この子、園では、口数は多い方ではないけれど、こんなによく考えて、細かな表現をしている。こんなところもジッと見ていたのかしら、この子の世界があるのだなー……。
●口数の少ない子は、紙の上でおしゃべりしているのかもしれません。うまくバランスをとっているのでしょう。このバランスが反対の場合もありますし、例外も、もちろんあります。
●たくさん描く子は、一ページに一枚だけでなく、重ねて貼り、一ページを有効に使うといいですよ。

子どもたち、クラスでみんなで一斉に描くときは、楽しそうに描くのに、自由なときに園で絵を描く姿をあまり見ないなと思ってたのですが、家で描いていたのです。幼稚園では、からだを動かして遊び、家では、サインペンや鉛筆、ボールペンなどで描く……。時間をうまく使っているのですね。幼児の絵をおもしろく思い、理解しようとすることは、子どもを知ることなのだと思います。

もうすぐ春。

春は、土や空気も秋とは違うようです。春の土は粘り気があるので、雪のあとでもぬかりにくいのです。最近では、土は土でも砂が混ぜられたり、純粋の土が少なくなりました。わたしは子どものころからこの〝春の土〟を踏むと、早春独特の空気の匂いとともに、「もうすぐ春だなあ」と感じていました。

先日、段ボールの破片を燃やしていたら、燃えカスが二〜三個、空高く真っすぐに昇っていき、ずっと見ていたら、しだいに小さくなって見えなくなりました。煙に誘われてそのまま保育参加をしてしまったMさんと「雲の中へ入ったんじゃない？」とびっくり……。こんな現象はあの日が初めてでした。春は上昇気流が起こりやすいのかもしれません。この燃えカスが屋根の向こう側へヒラヒラして行ったら困ります。

秋の空気は重く、火を押さえてくれるのでしょうか。そう危ないことはないように思います。うまく燃やせばの話ですが……。

しかし、立春を過ぎたころからは違ってきます。とくに空気の乾いた、よく晴れた日に火をおこすと、方向の定まらない風が起こり、燃えカスが飛んで危ない時があります。

春の風は気まぐれです。

子どもたちに、「もう紙を入れないで！」、「今日はあおいじゃダメ！」、「いそいで葉っぱ入れて！」……と、命がけというか、真剣になる時があります。大人が真剣にやっていると、それはそのまま子どもたちに伝わるように思います。

わたしが過ごしているのは〈園〉という限られた空間ですが、子どもたちと遊び、仕事をしていると、時おり自然の営みに触れることができます。すこしオーバーですが、地球上で起こっている大きな現象にもつながるのではないかな、と思うことがあります。

暖められた空気が上に昇ることもそうですが、木や葉が朽ちて栄養のある土となり、そこに草木がよく育つこと。南から、そして北からの風の通り道。山の近くに水たまりができること。砂場の近くを流れる水のゆくえ。水浴びをしたり、草むらの虫をつつく鳥たちの群れ。田んぼの泥水の中の虫たち……。

ただ眺めているだけでは、知らずに見過ごしてしまう世界が、そこにはあるようです。〝遊ぶ〟ことも含めて、やはり〝生活〟することだと思うこのごろです。

夏ミカンの奪い合い

先日、年長の『どんぐり組』の子どもたちが、お芋を植える前の畑で思いきり遊びました。

土のカタマリ（塊）を並べて石垣づくり……。石垣を積むのにいろいろ工夫していました。

移植ゴテで土のカタマリを崩す子。穴を掘って座り込み、うっとりする子。砂風呂のように穴にもぐって土をかけてもらう子……。「土の中はフワフワして気持ちいい」とも言っていました。何よりも、素足で、気持ちのいい土の上を走り回れたことは最高でした。この日は、土はサラサラでしたが、翌日の雨で土の状態も変わったと思います。

畑の帰りがけに、昨年このクラスに付き合っていたミヨコ先生の、

「夏ミカンの奪い合いはどう？」

というひと言で始まった〝夏ミカン〟の奪い合い……。子どもの手にちょうどよい大きさの夏ミカン。ラグビーのように二つのクラスに分かれて、それを奪い合うのです。

取られて泣く子もいましたが、「おなかや顔は、噛んだり、けったり、ぶったりしちゃダメ」というルールもしっかり守り、夏ミカンを抱えて逃げる子、仲間に投げる子、夏ミカンをつかんで離さずの取っ組み合い、女の子たちの息の合ったチームプレー……。私たち大人は、息をのんで見つめているのでした。

追記：やがて夏ミカンは、新聞紙を丸めたボールに変わりました。そのボールの中に、おせんべいやミカンを入れたことがあります。勝ったほうがそのお菓子を食べられるので、子どもたちは必死でした。この新聞ボール作りと、お菓子を入れるところは、子どもたちの前でやるのです。よくわかるように。

奪い合ったため、中に入れたおせんべいは粉々に、ミカンはジュースに……。

「ヨシコ先生が入れたからこんなになっちゃった！」という子どもたちに、「だってみんながギュッともってこんなにしたんでしょ」とわたしに言われると、「ああ、そうだ」と、粉状になったものまで指の先にくっつけて、おいしそうに食べていました。しかも、負けたチームには分けてあげて……。

ボールはよく転がってしまい、足の遅い子はボールに触れることができないので、新聞紙でボールを作るといいというヒントをくださったのは東京学芸大学の近藤充夫先生でした。なるほど……。

サクランボの木のこと

平成八年ごろ、『卒園記念樹』として植えていただいたサクランボの木がたくさんの実をつけました。野鳥に食べられずに、こんなにたくさんの実が熟したのは初めてです。

今までですと、〝そろそろおいしくなったころかな〟と思った次の日、行ってみると、実はすっかり食べられてしまって、下に食べかけの実や種が散らばっていました。鳥たちはほんとうによく見つけます。ですから、まだ少し青く酸っぱい実に、子どもたちは『たいこ橋』などを使って、必死に手を伸ばしていました。少し前は、少々酸っぱくても、味が良くなくても、口に入れるものには貪欲な子が多かったように思います。

今年は落ちている実にも赤く甘いものがありましたし、手を伸ばせば、またちょっと枝を引き寄せれば、いくらでも甘い実に手が届きました。

午前中に下のほうの実をだいぶ食べてしまったあの日の午後、サクランボの木のところへ行ってびっくり。年中組の子どもたちが細い枝のほうにも鈴なりになっていたのです。

——あら、あら、木が折れないかしら。それにしてもあの女の子、足を踏ん張って、木の上でバランスをとり、サクランボを取っては口へ、取っては口へと、入れている。その下の男の子は登ったはいいけれど、どこへ手を伸ばしたらいいか、困っている。女の子たち、たくましいな～。

上へ、そして枝先へと登っていくので、「細い枝は乗ったら危ないよー。枝折れたらかわいそうよー」と見守っていましたら、やはり中くらいの枝がポキリ。

「やっぱりだめねー、木に登ってとっちゃだめよ！」

子どもたちはしぶしぶ木から降り、わたしは折れた枝の手当……。折れた部分にそえ木をして周りに布を当て、紐でぐるぐるとしばるのです。枝、なんとかうまくついています。

子どもたちは木に登れないとなると、となりの鉄棒を利用する子、タイヤをいくつか重ねてその上に立ち、手を伸ばす子……。タイヤの上はグラグラ。するとかならず〝押さえる〟子が出てくるものですね、年長児ぐらいになりますと。そして〝かわりばんこ〟も……。

まもなく、「ここも折れてる〜。あ〜あ」と年長組担任のメリ先生の声……。

「ぼくじゃないよ」

「ぼく知らない」……。

だれもいなくなって、担任はひとりで枝の手当。このときメリ先生も、なんとなく空しく、わびしいものを感じたそうです。

「まだ子どもだから、年長になったばかりだから仕方ないわよ。だんだん関心を持つようになるわよ。根気よくやりましょうよ」

翌朝、枝の様子を見に行ったメリ先生は、手当のかいもなく、しおれているのを見つけ、部屋の花びんに挿しました。その日、クローバーの山の上から『どんぐり組』の窓越しに、水に入れてもらって、葉っぱがピンと元気になっているのが見えました。

「サクランボの枝、元気になってよかったわね」と、近くにいた年長『どんぐり組』

の子に言っても、なんのことかポカーン。

「まだいいよ、いいよ。年長になったばかりだから、そこまで気づかなくても」……。

サクランボの木を通していろいろなことがありました。〝赤い実〟がおいしいということを知らない子は、下のほうの〝青い実〟をうれしそうに取っていましたし、ひろって食べる、取って食べるということを知らない子もいました。

「いいよ、いいよ。まだ五歳だから」……。

これがずっと続かないことを願っています。

高い所になっていた残りのサクランボは、人気《ひとけ》のなかった遠足の日と、翌日のお休みの日に、ほとんど食べられてしまっていました。きっとインコやムクドリですね。

ちなみに『桑の実』は赤くなっても酸っぱく、黒くならなければ美味しくありません。むずかしいですね。

どんな子どもに育てたいか？

気持ちのよい場所で子どもたちを過ごさせてあげたいと思い、木道をつくり、クローバーの山をつくり、紫外線よけということもあって、園庭に点々と樹木を植え始め、草も全部は抜かず、切ることにしてからまだ三〜四年です。

わたしは植物のことは詳しくありませんが、子どもたちの遊ぶ姿を見、そしてわたしの子ども時代、草花や樹木の中で遊んだことを思い出し、園庭のことは手探りで考えてきました。

そしてようやく、「やはり、あの場所で、あの遊びが始まっている。昔も今も環境さえあれば、子どもの遊びは変わらないな」と思う場面も見られるようになりました。

本当の土と植物が原点

地面の植物や土を見ていますと、いろいろなことを感じます。

●イネ科の植物（笹もイネ科だったと思います）が多いのは、やはり地球温暖化が進んでいるのでしょうか？

●前年の気候に植物は影響を受けるのでしょうか。サクランボがたくさんなったのも、昨年の夏が暑かったからかもしれません。園庭の真ん中のカンヒザクラ（寒緋桜）の実も立派なのがなっています。

●子どもたちが遊べるから、またウサギの餌にいいからと残しておいたものは、やはり次の年増えています。カラスのエンドウ、タンポポ、カタバミも増えています。ピーピーと音の出るスズメのテッポウも、今年は幾株か見つかりました。しかし、繁殖力の強い草は、抜いても抜いても、翌年とても元気に生えてきます。

●クローバーの山にも、種をまいたわけではないのに、思わぬものが生えているのを見つけることがあります。野鳥が運んできたり、風に乗ってきたり、もしかしたらどなたかが、そっと植えてくださったのかもしれません。

●植物の種類が多いと、虫の種類も増えるように思います。ハチもトンボもチョウも、最近種類が増えたように思います。クローバーの山にはバッタも増えました。越冬するバッタのクビキリギスを何度も見かけましたが、ここ何日か前、『竹の子村』に引っ越して行ったようです。

●クローバーの山には、小さな虫が住みやすいようです。昨年も（夏のことですが）、山に子どもが入ると、どこからともなくトンボが集まってきました。「どうしてなのかしら？　子どもたちのことが好きなのかしら？」とも思いましたが、子どもたちが草を踏むと、小さな虫たちはびっくりして空中へ飛び出すので、〝ラッキー〟とばかりに、トンボが食べに集まってきたのでした。

やはり、土（本当の土）と植物（多様な植物）が原点であろうということを感じます。

心地よい場所がいい

二〇年ほど前、ある方と「どんな子どもに育てたいか？」という話をしたことがありました。彼女、ノリ・ハドルさんはわたしと同世代のアメリカ人。著書に『サバイバル』（サイマル出版会、一九八五年）等があり、日米学生会議のメンバーでもあった平和運動家で、日本で水俣病のことについて長い間取材をしていたこともある方。幼稚園でお母さんたちにお話していただいたこともありました。

「自然を大切に思える子が育って欲しい。そのためにも、花が咲き、気持ちのよい草むらがあり、樹木のあるところで過ごすと『気持ちよい』と感じる体験を幼児期にさせたい。園庭を〝小さな地球〟にしたいのです」……。

そう彼女に話してから二〇年近く経ち、ようやく、それに近づいてきているように思います。

山あり、草むらあり、田んぼあり、湿地あり、砂漠あり、森あり、川あり……の場所です。ある日曜日（五月一五日）の夕立《ゆうだち》のあと、園庭に行ってみたら、広い水たまりでスズメが〝ピチピチ〟と楽しそうに水浴びしていました。また先日、巣をつくるためでしょうか、ツバメも低く飛んで、小枝や土くれをくわえて飛んでいきました。子どもたちが水を流して遊んだあとの土でした。

園庭は、虫や鳥たちにとっても、心地よい場所がいいなと思います。

追記：「自然を大切にする」とは、もし将来建築関係の仕事についた時、例えば、建築予定の土地に何本かの樹木があるとしたら、それを何の考えもなく切ってしまうのではなく、何とか工夫してその木をいかして建物を建てるとか、または、土木関係の仕事についたとして、護岸工事をする時、土手をコンクリートですっかり固めてしまうのではなく、土や草にも協力してもらうという感覚を持ってほしいということです。この頃からそんなことを考えていました。
ガラス張りのビルも野鳥のためよくないですね。野鳥たちは、自然界にはガラスなどという自分たちにとって危険なものがあるなどとは思いませんから、ビルのガラスに空が映っていると、そこも飛べるところと思って突っ込んでいってしまうのです。

水は高い所から低い所へと流れる

砂場には水が不可欠……。遊びにいまひとつ〝活気がないなー〟と思われるとき、大量の水を〝ザーッ〟と流してあげると、にわかに遊びが活気づきます。こうした大人の働きかけもあってか、子どもたちは、自分たちで進んで水を運んでくるようになってきます。

水混じりのドロドロの砂をつかんで、ホットケーキのような円形にし、両の手のひらでペタペタと叩くと、「固くなる」そうです。プヨプヨの状態から水が滲み出てくからでしょうか。水混じりの砂は、やわらかく、穴を掘るにも好都合です。

数人で運んできたオケの水を、砂場の端から〝ザーッ〟とあけ、水の流れの勢いに歓声を上げたり、水たまりから指でそっと引いた指跡の筋に、水が流れ込むのをじっと見つめたり……。

「水は高い所から低い所へと流れる」

このことを学ぶプロセスは、見ていると、いろいろな学び方があり、本当におもしろいです。「水は高い所から低い所へと流れる」のは熱と同じで、熱力学の第二法則というのだそうです。

かたいお団子をつくるには乾いた白砂が必要なことを知っている子は、雨の翌日、白砂がないことを不思議がっていました。いつだったか、雨の翌日、「きょうは白砂ないね」と言って、門を入ってきた子がいました。

小さなトンネルを掘るときは、シャベルよりも指先をつかったほうが崩れず、うまく掘れます。〝手〟に勝る道具はありませんね。

〝砂*〟も単純な素材です。なんとなく見ていると、「あら楽しそうね」かもしれませんが、友だち関係を含めて、子どもたちがここで学ぶことがたくさんあることが見えてきます。〝感触〟というものを体験しながら、科学的にものを考える〝芽〟というものかもしれませんね。

また大雨の翌日は、庭の土が〝泥粘土〟のようになるので、子どもたちにとっては、砂場以上に魅力のある場所になります。雨の日、そして翌日、長靴がいいですね。雨があがっても、ちゃーんと長靴で来る子もいます。お母さんまでも!……。そのあたりの事情、「わかってらっしゃるんだなー」

＊　あるとき、「砂という物体をどう定義しますか?」という意味のことを山内昭道先生にたずねてみたことがあります。先生は、「流動的固形物といえる」といっておられました。

なつかしいなあ～

年長組の子どもたちが、収穫したジャガイモをカマドでゆでて食べた日のことです。園庭中央のサワラ（椹）の木に立てかけてあったポプラの細くて長いたくさんの枝、植木屋さんが切ったものです。サワラの木に立てかけて小屋にしてありました。子どもたちがそこに入って潜むにはちょうどよい広さ（狭さ）でした。もうその役目は果たしたかなと思い、「これ折って燃料にしたらいいわよ」と、わたしは子どもたちと枝をカマドへと運ぶ燃料係……。

できるだけ折りやすそうな枝を抜き出し（ワラ縄でしばってあったものですから）、「ほら、これも、これも使える……。○○くん、折るのうまいなー、足つかってるもん。手だけで折るのもいいけど、足つかうといいねー。ずいぶん短くなったねー。短かいほうがカマドで燃やしやすいわよ……」「折ったらメリ先生のとこ持ってってってー！」と言わないと、燃料づくりはいつの間にか〝戦いごっこ〟になってしまうのです。

男の子たちはズボンのベルト通しに、折った枝を何本も差したり、枝を持って向かってくる相手に対し、じつに格好よく構えたりしているのでした。そして、枝がだいぶ少なくなり、足をかけるサワラの枝が現れると〝登りやすくなった〟とばかりに、登り始める子も出てきました。そんなわたしの後ろで、

「なつかしいな〜」

と、つぶやく声がしました。

ふり向くとTくん。するとまた別の子だったと思いますが、

「思い出だな〜」……。

わたしは、ハッとしました。このポプラの枝の小屋は二月に作ってからまだ四カ月ほどしか経っていませんでしたが、子どもたちがポプラの枝の囲いの中にもぐり込んで、何やらヒソヒソとやっている姿をたびたび見かけました。

この場所、Tくんたち、そしてほかの子も気に入ってたんですね。四カ月前、剪定したポプラの枝がいい形をしていたので、何かにならないかと子どもたちにも手伝っ

てもらい、サワラの木に立てかけてみたのです。ただそれだけなのですが……。枝が新しい頃は、なかなか素敵でした。

子どもでも大人でも、馴染んだものには〝愛着〟が生まれるもの。それらに支えられているというか、そういうものがどこかにあると安心感を感じるのではないかと思います。

Tくんの言葉で、いぜん読んだ山田洋次さんの文章を思い出しました。

「……それと、うまく言えないけれども、成長していく過程で、周囲の景色が変わらないということも、人間にとっては大切なことのように思います。たとえば物心つく三つ、四つのころは、ただただ広くて恐ろしいような川だったが、小学校に入るころになると、こんどは魚やエビを獲って遊ぶ楽しいところだった。あるいはもっと大きくなって、夏になると水泳ができる面白い遊び場となる。さらに思春期になれば、恋を失った悲しみを、優しく慰めてくれる懐しい景色ともなる。

そのように、子どもが、自分の周りの風景や人間関係を見る眼が少しずつ変わっていくことによって、自分の成長を認識することができる。そのためには、子どもをとりまく風景や人間関係はあまり変わらない、という必要もありはしないか、と思ったりするのです。

文明が進んでいけば、当然世の中の姿も変わるということはあるにせよ、そのあまりに激しい変わり方については疑問があるのでして、その土地に帰っていけば、自分の少年時代に見た風景が、自分の少年時代に過ごした家が、少年時代に遊んだ原っぱや川が昔と変わらない形で残っている人間は、とても幸福なのではないか、と思います。〈中略〉故郷に帰るたびに、変わり果てた姿を見てむなしさを感じるというのは、今の日本人の大部分だと思うのですが、そのような環境の中で成長する子どもが幸せといえるのでしょうか」

（岩波ブックレット　No.12　山田洋次『寅さんの教育論』より）

山田洋次さんが、『男はつらいよ』シリーズを、こういう気持ちで作っていたことは途中で知りました。寅さんは、柴又にあのホッとできる場所、そして家族があったから、フラ〜っと旅に出ることができたんでしょうね、きっと！

Tくんの気持ちが、なんとなく、山田洋次さん、寅さんの気持ちと重なりました。

ほんの数カ月でしたが、Tくんにとって、あの場所は、大切なところだったんですね。

そして、「ぼくの大切にしていたものこわさないで、寂しくなっちゃうから」という気持ちでつぶやいたのかもしれません。ですから、ポプラの枝は半分残しました。少しおかしな姿になりましたが、これでよかったのかなと思っています。

「Tくん、半分は残そうか」……。

そう言いましたら、Tくんうれしそうでした。

プールの底が抜けた！

六月の末の小雨のパラついた日のこと。年少組のAくんがプールのパッキングの黒ゴムを引っ張ってしまい、プールの水が〝ドーッ〟と流れてしまいました。黒い変なものがとび出していれば、ちょっと手を出してみたくなるのは、好奇心の強い子にとっては当然のこと……。水はクローバーの山に沿って流れていきます。

Aくんの担任フブキ先生は、首にタオルを巻いて「まったくもう！」といった感じでパッキングを元に戻すのに必死で汗だく。それをプールにしがみついて並んで見つめる小さな観衆たちの真剣な目つき……。

クローバーの山に沿って流れ出した水は、流れ流れて山をひとまわり。なぜこんなに水が流れているのか知らない年長児たちは、

「ひとまわりした！」

「つながった！」

と大騒ぎ、大喜び……。

つながった水は、クローバーの山の西側にたまり、木道のすき間を通って、園庭の中央へと流れ出ていきます。すき間を通り抜けた水は、木道の端の草の生えていない所を選んで流れ出てくるので、土も押し流されてしまいます。草の生えている所へも、水は少し流れてくるのですが、草が土を押さえているので、土は流されていません。

この様子を、「おっ、こっちに流れてる」「こっちに来ない」「すげえ！」などと、にぎやかに見ている年長児たちに向かって、わたしは「日本の国土はねー、森の木を切ってしまったり、手入れをしないで、大雨が降ると土が流れて、川があふれて、たいへんなことになる……。だから木や草はたいせつ」などとつぶやいてみたのですが、耳に入ったかどうか？

でも、クローバーの山などに登るとき、「赤ちゃんの葉っぱ、踏むなよ！」「葉っぱが土を押さえてるんだよ」などと言う子がいると、うれしくなります。……ずっと、ず〜っと覚えておいてほしい。気の長い話ですが、今はこのくらいでいいかな？

その後、改めて担任から注意を受けていたAくん、リュックを上下逆さに背負っていました。そこへ「リュックが反対だよ！」と教えにきたのか年長組のSくん。彼もまた、鼻血が出たのか、鼻の穴に、誰にしてもらったのか、大きな綿を詰め込んでいました。それを見たAくんは、「あ〜！」とSくんの鼻を指さし（これも好奇心旺盛であれば当然のこと）、自分が注意を受けている最中であることもすっかり忘れて、Sくんの鼻の穴にくぎづけになっていました。

担任とわたしは顔を見合わせ、まじめに叱らねばならない時なのに、二人の姿に笑いをこらえるのに必死でした。

Aくん、よくぞやってくれました。梅雨空のドタバタした日の、よくないことだけど、なんとなくニッコリとしてしまうできごとでした。

ところが気がつくと、今度はAくんを注意しているあいだ、担任の長ぐつは泥水すくいに使われていました。それを担任が注意すると、

「先生！　出しっ放しだからいけないんだよ」

と、子どもたち……。

まいった、まいった。子どもたちにはかないません。

風とハチと土

ハチは天候を予知する？

「ここ、風がくるよ」

「この木の下はいい風がくる」……。

子どもたちのこんな声もときどき耳にします。風の通り道をつくりながら、草むらの手入れをすることも、ひとつのポイントかな？　と気づき、『お花クラブ』のお母さん方も手伝ってくださり、応用問題を解くように、草を切ったりしています。

草花の手入れ、樹木の手入れはひとつの賭けのようです。「こうすればこうなる」と決まっているわけではないからです。ましてわたしは素人です。プロであれば「こうすれば、こうなる」のでしょう。思わぬことが思わぬ結果を生むこともあります。このへんは子育てと、ちょっと似てますね。

〝風〟といえば、アシナガバチが東のツル植物の下のほうに巣をつくっていました。「ハチが木の下のほうや、風の来ない安全な場所に巣をつくると〝風台風〟がくるんだ」と、子どものころから年寄りに教えられてきました。ハチの巣の高さは積雪量とも関係があり、雪国では「ハチが高い所に巣をつくると雪が多い年になる」とも聞いたことがあります。ほかの虫たちもそうですが、ハチは天候を予知する能力があるのでしょうか？　不思議なことですね。

〝ハチ〟は危ない虫です。子どもたちにも気をつけなければならない虫や植物の存在を、お母さんはじめ、大人たちが教えなければならないと思います。

ハチはもちろんのこと、シキミ（樒）の実や、ヨウシュヤマゴボウ（洋種山牛蒡）、イヌホウズキ（犬酸漿）などにも多少の毒がありますし、キノコはどんなキノコでも、野に生えているものは口にしてはいけません。ウルシ（漆）の仲間の木にも気をつけなければいけませんね。トゲのある植物や手を切りやすい葉っぱも……。子どもたちに知らせるため、そのようなものと過ごすことも必要だと思います。無知は怖いです。

害のあるものと違って、チョウチョは、昨年から、オレンジ色のツマグロヒョウモンが目立つようになりました。今年はこのチョウチョが主流です。はじめは、「こんなにきれいなチョウチョも来てくれるようになった」と喜んでいましたが、このチョウチョの分布は熱帯・温帯地域で、「一九八〇年代までは近畿地方以西でしか見られなかった」と聞くと、どうも喜べないような気がしてきました。これも都市の『温暖化』のためかもしれません。

炭のこと

垂直にですが、今になってようやく伸びてきた年中組のバケツの中の稲には、ついに穂が出ませんでした。

土壌と植物について詳しい方にたずねたところ、土にガスがたまっているので（土もくさい臭いを放ってました）、「炭を入れて浄化するといい」と教えてくださいました。年中組でさっそく実行すると、数日して、小さな白い花がついた穂が出、炭の偉力にびっくりしました。

そこで、少し水の濁っている田んぼや、水草の生えている桶にもと、泥をかき混ぜ、ゴミや汚い土を取り除いて『竹炭』を中心にたくさん埋め込んだところ、翌日、きれいに澄んだ水になっていて、またまたびっくりでした。

炭は空気も通すし、水も通すそうです。空気が通る所は水も通すわけですね。特別な組織なんでしょう。

ごくごく日常のこのようなことから知っていくと、科学的に考えることは、その気持ちさえあれば、誰にでもできるのではないかと思いました。

この原理を園庭に応用して、土壌の専門の方に、園庭の土に空気や水を送り込む工事をしていただくことにしました。樹木や草花、そしてその恵みを受けている子どもたちのためにもです。

〝オヤッ〟と思ったこと、ひとつひとつ考え、試していくと、この園庭の私たちの足元に、

「不思議があふれているなー」

と思うこのごろです。

ツバキの笛

今年は気候のためか、わが家のツバキ（椿）の実がいつになく大きく、たくさん付きました。風が吹いた翌朝は、たくさん地面に散らばっています。

ツバキの実で笛がつくれることを知った子どもたちは、担任と一緒に「シロちゃ～ん。お邪魔しま～す！」と、同じ敷地内にあるわが家へ実をとりに出かけて行って、「これだけあった～！」と小さな手を広げて見せてくれる子もいます。

笛をつくるには、ツバキの実のほどよい部分に穴をあけ、ツバキ油の原料になる油っぽい栗のような黄色の中身を細い棒でほじり出すのですが、この仕事がとてもデリケートな仕事なのです。まず、この黒い実のどのへんに穴をあけたらよいか、見極めねばなりません。コンクリートの表面でこすって穴をあけるのですが、場所によってコンクリートの面のザラザラ加減が違います。キメの細かい表面ではなかなか削れないし、キメの粗い表面ではすぐ削れますが、割れやすいのです。

　黄色の中身が見えてきたところで、細いけれど折れにくい棒を見つけて、少しずつ突ついて、この中身を出すのです。これを髪の毛につけるとピカピカになります。

　今まで、何人の子が笛をつくることができたでしょうか？　根気のいる仕事です。しかし、こうして、割れやすいからこそ、ほどよい力の入れ方、手加減ということを知っていくのだと思います。

　年長児は、実をずっとこすっていると、「熱くなる」「昔の人はこうやって火を起こしたのかな～」と言っていたそうです。

　小さなツバキの実ひとつでも、生かし方次第で、本当にいろいろなことを知ることができるものです。

確実な育ち

私たちは秋の風景を見て、「きれいだなあ」と思うとともに、いろいろな〝感触〟を思い出すのではないでしょうか。枯れ葉の〝カサコソ〟という乾いた音、匂い、触れると〝カリッ〟と、そしてポロッと落ちる種や実……。子ども時代、自然との付き合いが多かった方ほど、たくさんの感触が懐かしく思い出されることでしょう。

『竹の子村』で遊び場づくりをしようとしたとき、年長組の子どもたちが言っていたそうです。

「これやったことあるね！」

「あのときは寒くて、縄をつかむと手が痛かった」

「葉っぱがカサカサしてた！」

「お芋掘りをしたころだったね」……。

季節の流れを〝からだ〟で感じていくのでしょう。

これからの季節、〝たき火〟のため、枯れ枝拾いをすることも増えてくるでしょう。枯れている枝は〝ポキッ〟と折れた瞬間の衝撃が手足を伝わり、「折れた！」といううれしさが心に響いていくようです。

モノの感触を大切にしたいですね。子どもの時は、〝感覚〟といったらよいのか〝感触〟といったらよいのか、そういったものが、からだの中に〝記憶〟として染み込みやすい時のようです。〝感触〟の記憶を豊かに持って育っていくこと、それも、「確実な育ち」ということにつながるのではないかと思います。

地面の草も、「もうすぐ冬がくるわ。茎なんか伸ばしているヒマはないの」と言っているように、よく見ると丈の低いまま花をつけ、実をつけています。自分の子孫を増やそうとしているんですね。

秋の自然の感触には、春のそれとはまた違ったものがあります。

その木に会いたい！

地球温暖化のためか、紅葉が遅れているとはいえ、サクラ（桜）の葉も、ケヤキ（欅）の葉も、アオギリ（青桐）も、ムクロジ（無患子）も、皆それぞれに色づき、「秋はいいなー」（もう初冬ですが）と思うこのごろです。落ち葉掃きや落ち葉でたき火などをするとき、カサカサとした感触とともに、人工では出せない、複雑な自然の色の美しさを目に、そして手に感じます。

ついこの間まで、草木の陰でハチやチョウなどを狙っていた、勇ましかったカマキリたちの力尽きた姿をときどき目にします。もうどこかに卵を産み終えたのでしょうか?。

今年は、そのようなカマキリを例年より多く見かけます。まだかすかに動いているカマキリを見つけた子どもたちが、「かわいそう」と、草むらに〝そっと〟置いていました。

そしてまた、クローバーの山にあれほどいた、バッタたちはどこへ行ってしまったのでしょう。草むらに足を踏み入れても、もう何も跳び出してきません。

アブラムシでしょうか、小さな虫たちが、ハクモクレン（白木蓮）の葉の裏にたくさん付いているのを見つけた年中組の女の子たち。「なんだろうね……」と、珍しそうに皆に見せて歩いていました。

正門を入って、右側は豪華なサクラの葉のカーペット（この上に自転車など止めないでね）、左側のクルミ（胡桃）は早々と葉を落としてしまいました。葉が落ち幹に残されたあとがなんとも可愛く、わたしはその形が「クリオネ」（オホーツク海の氷の下にすむ小さなプランクトン）に似ていると思っています。

朝、その空を向いた枝先に、滴《しずく》がひとつ、ふたつ、光っています。幹が吸い上げた水は、今までですと、葉っぱへと送られていたのでしょうが、もう葉がないので、その「クリオネ」の部分に滲みだし、滴となっているのでしょうね。しかし、その部分がかたくなってしまうと、もう水は滲み出せなくなるのでしょう。

そして木も、やがて地下から水分を吸い上げることをやめ冬眠状態に入るのでしょうか。でも幹の中でこっそりと新芽が春の準備をすることでしょう。

このクルミの木のおばあさん（?）、わたしがまだ小学生のとき、福島県の磐梯山《ばんだいさん》のふもとに立っていたクルミの木の実をいただき、祖父に「クルミは深くまくんだよ」と言われながらまいた実が何本か大きな木になり、四〇年ほど前の開園のとき、その一本を今のところに移植しました。その木は数年前に枯れてしまい、今の若木はその子どもです。

先日、その実をくださった方から、

「やーっと、探し当てた！　うちの庭にはもうクルミの木はないの。その木に会いたい！」

と、四十数年ぶり、（いや）ほとんど五〇年ぶりに電話をくださいました。

春の力、秋の癒し

子どもたちの過ごす場所が〝心地よい〟ということは、とても大切なことだと思います。心地よい風景と、心地よい感触。そして心地よい人間関係……。そういう状態を保つことはまた大変なことですが、そのような環境の中で子どもたちの「こころ」も育っていくのではないかと思います。

＊吉村順三《よしむらじゅんぞう》という建築家は、自然と建物が溶け合った住宅を追求していたそうです。室内にいても外の自然が感じられるような場所、そして木の感触。そんな所で過ごしたいものです。

子どもたちの「居場所」についても同じことが言えると思います。子どもたちの過ごす場所は、目にし、また触れる所だけでも、できるだけ木でつくられていること。

そして、土・樹木・草むら・水の流れ……、プラスチック、コンクリートなどとは対極にあるこうした〝柔らかさ〟が必要ではないでしょうか。

冷たく、かたいものの中ばかりで過ごしていると、なんとなくギスギスとしてくるように思えてなりません。このことは大人にも通じることでしょう。

春の風景からは〝力〟を、秋の風景からは、しっとりとした〝華やかさ〟、ホッとするものを感じます。それは、春は草木が内部の力でグングン伸びるときであり、秋は草木が紅葉したあと、冬眠に入るときだからでしょうか。

＊吉村順三：一九〇八〜一九九七。生活に根ざした視点から独自の空間を生み出す。作に八ヶ岳高原音楽堂など

カンや感覚は教えることはできない

　昨年十二月の頃だったと思います。「この木は四人までならだいじょうぶ」というルールが、いつの間にか、年長児を中心とした子どもたちの中にできた時がありました。もっと登っても折れないと思うのですが、子どもたちはなんとなく、それ以上登ると折れるのではないかと、今までの豊富（?）な経験の中で感じたのでしょう。それを守っていました。

　春にはサクランボをとって食べようとして木に登り、枝を折ってしまいましたし、冬にはたき火のため、さまざまな枝を手足を使って折っています。また大人の見ていないところでも、小さな枝を折ってしまったこともあったでしょう。折れそうかどうかは足で探って、手で触れて、たくさん遊んだなかでつかむ感覚の問題だと思います。

カン（勘）とか感覚は教えることはできません。体験しないと、痛いも、冷たいも、ザラザラも、ツルツルも……。カンとか感覚はある程度、自由に遊べる時間と場所がないと育たないもののように思います。とかく「この木は○○人まで」などと、大人は先まわりしてルールをつくりがちです（ケース・バイ・ケースですが、たとえば「このエレベーター一〇人乗り」は仕方ないとして）。

先日、杉並区の小学校の生活科の研究会に招かれ、幼児の生活のこと、すこし話す機会をいただきました。そのとき、前述の「この木は四人までならだいじょうぶ」という、子どもたちが作ったルールのことが話題になりました。「子どもたちが遊びながら考えることは大切なことなのに、考える時間を十分に与えずに、答えを求めているんですよね～私たち」とは、ある先生のひと言。〝ゆとり教育〟してるのに……。

机事件

「『どんぐり』さんの中で、山形先生にお話のある人、いるんじゃないの?」……。すると、立ち上がった男の子三、四人。とくにこの件の主犯格(?)とおぼしき子は、首をうなだれ、肩を落として保育室へ。

「あーあ、こわしちゃったのかい。しょうがねえなー。でもよく直したなー」

大工の山形さんの顔がニッコリすると、怒られるかと思ったのに、安全であることを察知したのか、ほかの子もゾロゾロと集まってきました。

「ちゃんとヒモでしばってあるな、こういうときはゴムのほうがいいんだよ。締まるから」……。わたしもゴムとは知らなかった。

子どもたちは、「あー、そ~か~」という表情をしていたが、このとき「なぜ締まるといいのか」は、はっきりとはわからなかったかもしれない。しかし、いつかきっと山形さんのこのひと言が生かされる時がくることであろうことを思いました。

説明すると、山形さんがつくった机を、デッキの所で数人の男の子たちが高く積み上げていたが、ちょっとしたはずみで崩れ、脚の一部が裂けてしまったのです。

わたしに謝りにきたので、「謝ることも必要だが、直すことが大切」……。木工ボンドを使って張り合わせ、しばらくヒモでしばっておくといいことを伝えると、「○○ちゃんがやった」、と初めは言っていた子たちも、もう責任のなすり合いのような見苦しいことはせず、協力して修理し、担任とも話し合ったようで、その結果、『どんぐり組』は連帯責任で、謹慎処分と相なりました。

「一週間のデッキ使用禁止!」……。

ところが、あと数日で〝謹慎〟が解けるという日に、山形さんが見えたのでした。いつもながら、山形さんは、ちょうどよいタイミングで、顔を出してくださるので助かっています。

年長のどんぐり組がデッキが使えないあいだ、年中・年少組はよくここで遊んだり、

お弁当を食べていました。それを見てどんぐり組の子はとてもうらやましかったようで、

メリ先生の記録によると、

「机の中に入って危ないから注意してくる」（ダメダメ）

「机運ぶの、重いから手伝ってくる」（ダメダメ）

「高く積み上げなくちゃ、おもしろくないよ。手伝ってくる」（ダメダメ）

「あ～あ、年中、クツがぐちゃぐちゃだ～」

などと言っていたそうです。

デッキははだしで使うことになっているので、上がり口で上靴を脱がなければなりません。デッキは自分たちの部屋のとなりであり、大好きな気持ちのよい場所ですから、どんぐり組の子どもたちは、他のクラスの子たちがそこで遊んでいるのを見て、どんなにうらやましかったことでしょう。そして、どんぐり組の子どもたちは、デッキを使うことが許されたとき、うれしさをかみしめたのではないかと思います。

その数日後、年中組の子にデッキの使い方を確認したいと思い、話しはじめたら、

二人の男の子がいました。一人は〝机事件〟に関わった子です。ちょうどよい！　二人にお話を頼んだ。二人はとてもわかりやすく伝えてくれました。

机は両端を二人で持ち上げて運ぶこと、ひきずると床が傷つくのでひきずってはいけないこと、そしてデッキを歩く時は近所に音が響くので、ぬき足、さし足で静かに歩くこと、などです。（パチパチ）

〝机事件〟は、思わぬプラスの方向へと進んでいってくれたことがうれしかった。「チャンスを活かせ」です。

直すことは、作ることを知るということでもあるし、子どもたちを成長させることでもあるようです。壊れたら何でも「ネズ先生～」といって、持って行くのは考えよう。〝できること〟は、してみようよ。よい子たち……。

生きてるの？　死んでるの？

〝たき火〟に入れるため、かなり太いサクラ（桜）の枝を引きずってきた年長組のNくん。

「先生、これ生きてる？　死んでる？」……。

どう見ても、すっかり枯れてしまっています。足を使って折れば、すぐに〝ポキッ〟と折れてしまいそう。しかし、「死んでる」とは言えませんでした。

「さあどうかなー、死んでるようだけど、中のほうがまだ生きてるかもしれないね」

生きものの場合は、はっきりしています。心臓が止まっていれば死んでいる。虫などは姿でもわかる。ペチャンコにつぶされているのは死んでいる場合がほとんどです。

植物は、その境界がはっきりしません。枯れてしまっているようでも、水に入れておけば芽を吹くこともあります。アジサイの枯れ枝を取るとき、まだ新芽を出していない生きた枝と混ざっているので、大人でも見分けるのは大変。子どもたちが間違って生きている枝を折っている姿を見かけたことがあります。

「命のあったものは枯れても美しい」……。

今は亡き知人の俵有作（備後屋ギャラリー華主人、独特の美の世界を築いた。アメリカ・イギリスにて個展。作品集に『茫茫』がある）氏の言葉が思い浮かんだ。Nくんに、

「生きているものは、土になってしまうまで生きているのかもしれないねー」

「じゃあ、育ててみる。水に入れとく。花が咲くかもしれないから！」

けっして咲くことはないと思うのですが……。自分で何を言っているのかわからなくなってしまいました。土だって生きているのですから。

Nくんは六歳にして、「モノには『いのち』があるのだ」ということに少し気づくようになったようです。その後も、「これ、生きてるかな～、死んでるかな～」とモノを手にするNくんの姿を見かけました。これから先、Nくんはじめ、子どもたちのこうした気持ちが、「枯れてるに決まってるよ～、捨てちゃいな！」などという言葉で、つぶされないことを祈ります。

主張と気づき

　年中組のSくんは、砂場でお鍋を使っていましたが、そのままにして水の流れのほうへ行ってしまいました。すると、その置き去りにされたお鍋、だれも使ってないと思ったのか、Kくんが砂を詰めて一心に遊び始めました。しばらくしてSくんがそれに気づきました。そして、ひと言。

「これ、ぼくが使ってるんだよ」……。

　Kくんは黙ってSくんを上目づかいに見ながら、しぶしぶそのお鍋を差し出すと、Sくんは「ぼくのに砂入れないでね」というように、手で砂をかき出してしまいました。

　その二人のやりとりを近くで見ていたTくんが、小さな声でひと言。

「使ったっていいじゃないか」……。

今はまだ一学期のはじめ、Kくんは、このとき、ちょっとヘンだと思ったけど、その気持ちを言葉にできなかったのかもしれません。もう少し時がたつと、「いま使ってないからいいじゃないか！」と言えるようになるでしょう。Tくんも、もっと強くSくんに注意できるかもしれません。そんな二人にSくんも、「そうだよな〜」と気づけるようになっているかもしれません。

年少児たちも、絵本を読んでもらったり、虫を見るとき、自分が一番いい場所を占めようとして割り込み、友だちを突き飛ばすことはよくある光景です。注意されると、「ここがいいから」……。

「突き飛ばされた子はどうなるの？」

そこまでわからず、担任にうながされて「ごめんなさい」。

今は主張と主張がぶつかり合い、どの子も自分の主張は〝当然〟のものと思っているようです。また、仲間のおかしな主張に、言葉でうまく反論できません。いつか、自分の主張は「ちょっと変だ」と気づいていくはずです。このところを理解してこどもの成長に付き合ってあげたいものですね。

とても気になります

「ここ和式なんです」

ゴールデンウィークのある日、ある駅のトイレに長い行列ができていました。ひとつ「空き」なのに誰も使わないので、わたしのすぐ前に並んでいらした方にたずねると、「ここ和式なんです」……。

少し前ですと「ここ洋式ですから」という答えが返ってきました。洋式は誰が座ったのかわからない便座に座ることになり、なんだか気持ちが悪く、多くの人が和式のほうを使っていました。洋式は深くしゃがまなくてもすみ、確かに使いやすいのです。慣れとは恐ろしいものです。人間は気づかないうちに少しずつ慣らされ、流されていくようです。「ご家庭で和式トイレも使えるようにしておきましょう」。今までですと、家庭は洋式トイレが多いのに、幼稚園は和式でした。それで入園前にこう言ってきたのですが、幼稚園も洋式になりました。どこかで、和式のトイレも使えるようにしましょうということです。わたしの言うことの意味が違ってきました。

ちゃんと生活したい

夜の十一時ころ、地下鉄「荻窪《おぎくぼ》」駅でのこと。三歳くらいと一歳と少しかなと思われる子を連れた夫婦がいました。「しっかり歩きなさい」と言われて、二人の男の子は叱られながら歩いていました。

「えーっ！　こんな時間に」……。成長ホルモンは夜の十時から夜中の二時の間、活発になると言われているのに、この子たち成長できないよ。

また、コーヒーショップなどでよく見かける光景なのですが、母子の場合が多いようです。母はコーヒーをすすりながらタバコをふかし、ケータイをやっている。一方、子どものほうは、ゲームに夢中になるか、手持ち無沙汰で〝ボーッ〟としている。会話はない。あったとしても、「いけません」「ダメ」「あ～あ」ぐらい……。

この子たち、次の世の中を背負う子たちなのに、「これでいいのか！」……。こういう仕事をしている身としては、焦りとともに不安になります。子どもたち、ちゃんと生活したいよね。

木は棒ではない

先日、新宿「三越」の裏通りを歩いていて、目を疑いました。クリスマスでもないのに、木に電飾がしっかりと巻き付けられていました。本当にしっかりとワイヤーとテープが使われていたのです。根元にはほんの少しの土、枝の切り方も痛々しく、新しい芽がところどころ隙間を見つけて、やっとの思いで（わたしにはそう見えた）芽吹いていました。秋になるころ、この木はどうなっているのでしょうか。目にするのが恐ろしいです。

木は人間にとって、便利な棒ではないよね。生きているんだよね！

木は生きているのに

「川口」は鋳物の町。十五年くらい前だったでしょうか、ここに引っ越した友人が、「いい町で駅前の商店街の鋳物がステキなの」と言われ、行ったことがあります。本当にステキでした。

しかし最近、川口へ行って〝ビックリ〟。街路樹のまわりに配された鋳物はすでにアチコチで木の幹に食い込んでいたのです。木の根元も太くなり、ほんの少しの土しか残されていないので（周囲は鋳物で囲まれている）、枯れかかっているものもありました。

町づくりをするとき、木は太く高くなること、計算に入れなかったのでしょうか。木は生きているんだよね！


シュミレーションを信じる？


釧路川を再び蛇行の川に戻す工事をするそうです。川を直線に直したら、氾濫はなくなったそうですが、釧路湿原が乾燥してしまうとでも言うのでしょうか。戻す工事には莫大な費用がかかるそうで、賛否意見が分かれているということです。

役所の主張にビックリしました。

「シュミレーションでは、蛇行にしたら、その形は一千年は変わらない」

複雑な気候や地形を読まず、シュミレーションを信じるとは……。川は生きているんだよね！

ノスタルジー？

ウルトラマンだったかな、サリーちゃんだったでしょうか、昔の子どものオモチャに大人が夢中になっているというニュース……。最近流行という「大人向けぬり絵」もそうです。ああいうものは子ども時代で卒業するのかと思っていました。〝ノスタルジー〟とはまた異質のものを感じました。

肌もツメも

小・中学生が「お化粧」をするという。お肌によくないと思うよ。お肌だって、ツメ（爪）だって、生きているんだよ。みんな小学生になっても、そういうことしないでね。

「きれいな社会には落とし穴がある」

子どもたちの遊び場としての〝公園〟が、防犯上よくないし、不潔……ということで、企業が、安全で、とっても清潔な子どもの遊び場を作って、そこへ遠くから車を使って遊びに来るという記事。ほんのいくつかある程度のことでしょう。

一方で、一時間三〇〇円だったか、六〇〇円だったか、その反対の公園づくりの運動もあるそうです。しかし、これから先ずっと、清潔・安全なところばかりでは暮らせないと思う。

『笑うカイチュウ』のカイチュウ博士、藤田紘一郎《ふじたこういちろう》（東京医科歯科大学名誉教授。感染免疫学、寄生虫学の専門家）先生がおっしゃっていました。

「きれいな社会には落とし穴がある」……。

藤田先生は〝サナダムシ〟をご自分のお腹の中に飼っていて、名前を付けていたそうです。先生が、ここ中瀬幼稚園にいらしたら、「園児になりたい」とおっしゃるかな？　でも園医としてお世話になっている外科医の角田先生のお話によると、外科医は「バイキンとの戦い」だそうです。複雑な気持ちです。

えらいなぁー

殺気だったラグビーごっこのような、お菓子が仕込まれた新聞紙ボールの奪い合い。

負ければ痛さも倍になるだろう。だが勝てば転んだ痛さはどこへやら……。

お菓子の分け方がまたおもしろい。

泥だらけになって田植えの準備。「働くもの、食うべし」などと言っている子がいました。「よく働いたねー」と、二クラスに「みんなで食べてね」と熟したイチゴを三個、渡しました。五〇人近くの頭数、どうやって分けたのでしょうか。わたしにも、

「さっきはありがとう」

と言って、耳アカよりも少し大きめの〝かけら〟を届けてくれました。

また、まだ泥の中に思いきり手を入れることができなかった子は、

「ボクはいい」

と言っていたそうです。「えらいなぁー」……。

〝自己主張の固まり〟の三歳児たちも、チラホラと友だちのことを考えられる子も現れてきたようです。ちょっとハラハラしますが、とても健康的で、正直な子どもたちの世界です。


白い花は……

いま、白い花がきれいです。もうおしまいですが、エゴノキ、盛りなのはノイバラ、スイカズラ、柿の花、ヤマボウシ……。もう少しでドクダミの花も咲くことでしょう。白は「寂しい」とも言われますが、白はやはり〝豪華〟な色だと思います。センダンも今がちょうどいいところです。

まだ飾れる？

センダンの木の下に『花咲き山』があります。朝、『お花クラブ』のお母さんたちと摘んだ花殻や、枯れてしまった花など、ここへ持ってくるようにしています。花殻摘みのとき、「摘むの、ちょっと早いかな?」と思われるものが混じっていることがあります。そのような花をねらってでしょうか。朝、登園すると、誰よりも早くここへ来る子がいました。

子どもたちにひろわれ、握られている花たちは、大人がつくるよりもずっとすてきな〝ブーケ〟でした。春爛漫のころ、色とりどりの花があった頃は、「お嫁さんになったとき、もたせたいなー」と思うくらいのブーケもありました。

センダンの木の下は、はじめ、石ころの混じった土の斜面で、土が流れて困っていました。石を取り除いて〝いい土〟を置くことも考えましたが、いっそのこと「ここに何か置いてしまえ」と思って、いつの間にか、ここが〝花咲き山〟になったのです。

こうすれば、木の下がフカフカになって、落ちたとき、飛び降りたとき、「いいんじゃないかな」と思いましたし、小さな山に登り、枝をちょっと引っ張って、センダンの薄紫のいい匂いを嗅ぐことができると思いました。

やはり何よりも収穫だったのは、この山に置かれた花を見つけて、

「まだ飾れる?」……。

そんな子どもたちの姿があったことでした。

花も、ゴミ箱に入れられるよりも、ここで土に還り、小さな草を元気にさせることができたほうが、うれしいのでは……と思います。最後の最後まで、花の命をまっとうさせてあげたいものです。

無関心よりずっといい

外の洗い場のそばの小さな水たまりのところに人だかりができていました。

「なんだろう?」……。

のぞいて見ると、Hちゃんが泥水の中で転んでいました。一〇数人が取り囲んでいたのに、誰も手を出しません。すると、Nちゃんが助け起こそうと、ちょっと手を出しましたが、Hちゃんは自分で起き上がりました。手も足も、Tシャツもスカートも、泥でグチャグチャ!

Nちゃんは、「こっちから行ったほうがいい」とHちゃんの手を引っ張って、園庭の樹々をまわり、遠回りをして、転んだすぐ近くの洗い場に連れて行きました。人垣ができていたので、「どいて、どいて」と言うより、遠回りでも、こちらのほうから行ったほうがいいと思ったようです。

Nちゃんは H ちゃんに手際よくホースで水をかけ、きれいに洗ってあげていました。いつも大人に洗ってもらっていたからかもしれません。近くにまだ居合わせた二、三人の子は、じっとその様子を見ていました。

Hちゃんは、いつも楽しそうに泥んこで遊んでいました。でも、転んで泥んこになるのは、やはり嫌なのでしょう。そしてまた、ほかの子どもたちは〝やじ馬〟かもしれません。でも、無関心よりはずっといい……。

Nちゃん以外の子も、もうしばらくたつと、タオルかぞうきんを取りに行くとか、着替えとか……、何か考えるようになるのではないかと思います。毎年、年長児でも、一年間のどこかに〝やじ馬〟の時期があるようです。

虫たちのお世話が上手にできるようになると、お友だちのお世話もできるようになるのかもしれません。

どう分ける？

もぎたてのミニトマト……。洗ってから分けようかと思いましたが、それぞれのクラスに出向き、

「畑クラブのおかあさんからです！」……。

【三歳児クラス】

「今日はお休みが六人だからぜんぶで八人で、トマトは八個、プラス先生一人」と言われると、四～五人がトマトの箱に手を伸ばし、数をそれほど意識してないようで、一人いくつも手にしようとします。五つ六つ、手にしっかり握って逃げようとする子も。

【四歳児のクラス】

担任が両手をお皿にすると、一人の子が、一個二個と数え出した。そこへ別の子が割って入り、一個、二個……と数え出した。それを見ていたAくん。

「これじゃダメだよ、一人がやらなくちゃ」……。

【五歳児のクラス】

担任があいにくいなかったので、「何人？」と聞くと、「一九人」。

「ちょっと帽子見てくる」……。帽子の数を調べて、やっぱり「一九人！」。

先生を入れて……？「二〇人」。

一人の子が箱に手を伸ばし、「一、二、三、四……」。

何人かで数えたら、わからなくなるということを知っているのか、ほかの子はそばでじっと見ている。残ったトマト、ほかにあげる人いないかなあ……。いろいろ考えたようだ。もぎたての味、ごちそうさまでした。

先日、「おとうさんとお金」の絵を見せてもらいました。よーく見ていたら、約一○個ずつのお金が線（｜）で区切られていました。こうすると一○個ずつの単位で数えやすい。子どもたちは、生活の中で、少しずつ少しずつ、いいやり方を考え出していくのですね。

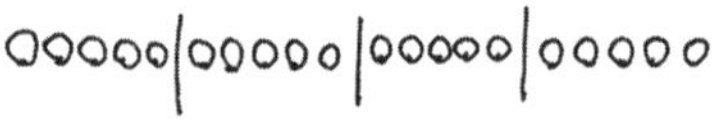

つまりは「応用」する力なのです

タワシの使いみち

園には「カメノコダワシ」があります。飼育ケースを洗ったり、亀の甲羅を洗ったりします。そのほかにも、今までに、テラス洗い、大鍋の底のスス洗い、道路の白線磨き（?）……。それに、泥粘土が付いた自分の足をタワシでこすって、乾いた粘土取り……。これはちょっと痛そうに見えますが、年長児にもなると痛がりません。いろいろな経験を通して足の皮が鍛えられているのでしょうね。

タワシは原始的ですが、フィンガーペインティング遊びをしたあと、ペイントがべっとりついたスモックをタワシでゴシゴシと夢中でこすっている子がいました。ペイントがとてもよく取れて、あとの洗いが楽になると思います。この姿に、子どもの頃、天気の良い日に母が庭でやっていた「洗い張り」を想い起こしました。

張り板に、糸をほどいた布をのせ、ふ糊《のり》を使ってしっかりと張りつけ、何かでゴシゴシこすって布をよみがえらせるのです。

用途によって、使いやすい道具をたくさんそろえるよりも、一つの道具で、どのくらいの使い方があるか、つまりは応用する力なのです。時には笑ってしまうようなこともあるかもしれませんが、これも知恵なのかなーと思います。

草むらとクモとカマキリ

草むらの手入れをしていると、秋が空や樹々にばかりでなく、地面の上にも忍び足でそっと来ていることを感じます。

秋の草は夏の草と違います。なんとなくツンツンとしていて、春の草よりも乾いた感じで、かたいのです。夏の強い日差しから身を守っていたためでしょうね。秋になると背丈が低くても、ちゃーんと可愛い花を付けたり、実を付けます。暖かいうちに子孫を残そうとしているのかもしれません。けなげですね。

草むらの、低い所に巣を張った〝クモ〟がいました。雨の日、クモの巣についた水滴が光ってきれいでした。クモにとっては、雨の日、風の日は大変でしょうが……。

クモはムシがかかりそうな場所をよく知っています。誰に教わったわけでもないのに、クモは利口です。

年長児が畑で大根の種をまいた時も、子どもたちが、逆光でとても見えにくいクモの糸を見つけ、「地面の上のムシをとるんだね」……。畑はコオロギの赤ちゃんがピョンピョンといっぱいでした。『畑クラブ』のお母さんたちが、土をフカフカにしてくださって、すみやすいからでしょうか。今年はいつもの年より多いようです。

キバナコスモスの所にも、アブなど小さな虫が花粉や蜜を集めにくるので、それを狙ってか、毎年〝カマキリ〟が出現します。今年もお腹の大きなカマキリが、揺れる茎にしがみついています。

たすかった、ありがとう。

長いこと使わせていただいた『アミアミネット』と『ターザンロープ』……。

アミアミネットは二〇数年間、お世話になりました。

モノによってですが、長いこと使わせていただいたモノを、おしまいにする時や、新しく使い始める時には、「長いことありがとうございました」、そして「これからずっと、よろしくお願いします」の気持ちを込めて、お酒やジュースをかけることにしています。わが家でも、ずっとやってきた習慣であり、そのまま処分するのでは、何だか〝みより（冥利）〟が悪く、落ち着きません。

のんべえだったら、「お酒をもったいないなー」と思うでしょう。子どもたちの前ではジュースがいい。絶対ジュースです。だからこんな時の子どもたちの目つきは、怖いほど真剣です。アミアミネットに子どもたちでジュースをかけた時など、何とかして〝おこぼれ〟を口にしようと、大変にぎやかでした。

アミアミネットは本当に長いあいだお世話になったので、ロープと一緒にほんの一部を燃やして、煙を空に登らせようとしたところ、全体が燃え出してしまいました。これは化学繊維であり、石油が使われているので、本当は燃やしてはいけないものですが、そのことを子どもたちに伝えながら、思い切って全部、燃やすことにしました。

炎は表面を溶かすようにチロチロと丈低く燃え広がり、しばらくして、黒い煙が上がっていやな臭いがし始めました。そこへ枯れ枝や枯れ葉を入れたところ、〝黒い煙〟と〝白い煙〟が同時に上がり、燃やすものによって〝煙の色〟が違うことを、子どもたちは目の当たりにしました。そして、いつもの〝たき火〟ですと、白や黒のサラサラとした〝灰〟ができるのですが、この時は、燃えカスは、ネバネバとしたコールタール状のものとして、地面にこびり付きながら残りました。そして、そこは炎がいつまでもチロチロとしていました。

よくないことではありましたが、その場に居合わせ、手伝ってくださった小学生やお母さんたち、そして子どもたちは、『石油製品は燃やしてはいけない』『黒い煙が出て、いやな臭いがして、空気を汚すことになる』からということを実感したと思います。レンガのカマドに貼ってあった布ガムテープもススけて、溶けるように、一部燃えていました。

これから〝たき火〟の季節です。『燃やしてはいけないもの』、それを子どもたちに伝えていきたいと思います。それにしても、石油製品のなんと多いことか……。

「アミアミとターザンロープ、黒い煙に乗って、お空に行ったというのは、なんだかかわいそう」とつぶやいたところ、

「ぼくが青い紙ヒコーキ入れたから、ヒコーキに乗って行ったよ」

とRくん。たすかったー。ありがとう。

重さと年齢

『竹の子村』で、ワラ縄を使って遊び場をつくった時のこと、数人の男の子たちが一生懸命につくったトランポリンに、〃わたし〃が乗ったところ、ポキッと、あきらかに切れたという見事な音がして、トランポリンを支えている大切な一本が切れてしまいました。周囲の子どもたちや担任のカナコ先生の〃点〃になった目は、まだはっきりと覚えています。〃えんちょうせんせい〃が、子どもたちがせっかくつくったものを壊すなんて……。「ごめんねー」。

するとAくんが、

「メリ先生が乗っても、ミヨコ先生が乗っても切れなかった！　センセイ何歳？」

……。

「わたし……」。

「四〇歳以上はダメなんだよ〜」

とAくん。ミヨコ先生は四〇歳以下と見られているらしい。〝いいなー〟

子どもたちは、「三歳は軽い、四歳は中くらい、五歳は重い」と思っているようです。ある程度成長すると、〝年齢と体重は比例しない〟ということがわかるようになるのでしょうが、いつごろ、どのようなきっかけで、わかるようになるのでしょうか？

Bくん、「ヨシコ先生が乗ったとき、前にみんながいっぱい乗ったから、ナワがもう弱ってたんだよ〜」……。そうかもしれない。きっとそうだ！

その後、〝わたし〟は新しい縄を使って、丈夫にしました。必死で……。

数を実感する

年長児たちが〝たき火〟で焼き上がったお芋を数えていました。数を確認しないと、どう分けてよいのかわからないので、数えなければならないのです。

ずっと並べて、そしてUターンさせて、一、二、三、四……………………一〇九。

「一〇九の次はいくつ？」……とNちゃん。

「一一〇よ」

一一一、一一二、一一三…………一一九。

「一一九の次はいくつ？」と、またNちゃん。

「一二〇よ」

年長児でも一〇〇の位になると、まだ数えられないのかもしれません。

一個目、二個目と食べて、二七個が残ったとき、「一つを三人で」「回し食べ」……。いろいろな案が出ていました。

何日かして、今度は収穫したピーナッツを数えていました。ずーっと並べて……。この並べた線がまたおもしろく、そして美しい。ピーナッツ文字や絵を描く子もいました。その中に「一〇個のかたまりにするのよ」というグループがありました。その声を耳にし、「そーか」と思ったのか、となりのグループも同じ数のかたまりにしていました。こうすると数えやすい。お芋の数を数えた時より、ぐーんと成長したようです。

年中児たちが〝焼きイモ〟をしたとき、代表一人が数えるのではなく、アチコチで数えてしまうので、なかなかはかどらなかったようです。年少児たちはどうだったろう？

最近感じるのですが、この子たちは〝割り算めいた〟ものができているように思います。それは「回し食べ」「分けて食べる」、そんな機会の多い生活のためかな？

食べたいと思う気持ちは〝本能〟であり、学ぶ〝バネ〟、生きようとする〝たくましさ〟ともなります。そして、ただ数を唱えるのではなく、数える必要や意味がなければむなしいものになるのではないかと思います。数を〝実感する〟ということはもちろんのこと……。

毎朝、わたしが雨戸を開けると、それぞれの方向から、犬のシロと野良ネコのカマルがわたしのほうをじっと見る。シロはシッポを振って、「ご飯ほしい、ご飯ほしい」とニコニコ。カマルは「エサをくれるんなら早くしろ」という鋭い目つき……。彼らにとっても食べることは〝本能〟なのです。

段ボール箱の修理

年中児のSくんとKくんがジャンケンをしていました。Kくんが負けてSくんが勝ちました。Sくんはくやしそうな表情で、「もう一回しよう」と泣きながら主張……。

「どうして?」……。

ジャンケンは勝ったほうがうれしいんじゃないかなー。

そういえば、ジャンケンの途中で、Tくんが「負けたほうが直すのね」と言っていました。負けたほうが、壊した〝段ボール箱を直す〟ということらしい。その段ボール箱は、数人で無理に入ったらつぶれてしまったのです。

たしかに、〝直す〟という仕事は、負けたほうがやるものかもしれない……。でも、そうでもないらしい。泣くほど直したいなんて、「やる気があっていいなー」と思いました。

その段ボール箱、大きいのだから三人で直せばいいのに。年長児なら、きっと三人で一緒に直すことになるだろうに……。まだ年中児なので、こう考えるのかな。

Kくんは、Sくんに手を添えながら一緒に直していましたが、お帰りの時間になっても、最後までやり遂げたのはKくんでした。Kくんは、「この箱、葉っぱ集めに使おうね。このほうがたくさんはいるから」という。わたしが段ボール箱の上の部分を紙ガムテープでとめているのを見ていたのです。そして、葉っぱ集めを終え、その段ボール箱に、何人かが入って破け始めたとき、Kくんは「だめ、だめ。それ葉っぱ入れるんだから」と、止めていました。

自分で作ったものはもちろんですが、作られるところを見ることでも、それを大切にするものなのだと思いました。こんな小さいことでも……。

たどたどしい手つきでちぎった紙ガムテープがいっぱい貼られた段ボール箱、重ねて貼ったり、どうしてこんな風に、「どうしてこんなところに貼るの?」といった貼り方もありますが、一生懸命に直した段ボール箱。「こんなもの」……と思わないでね。

鬼の洗礼

担任によると、年少の『もも組』のAくん、朝から全身〝ガタガタ〟と震えていたとのこと。

「こわいの？」

「ううん、寒いの」……。

精一杯の〝ツッパリ〟だったかもしれません。

〝鬼〟は窓ガラスを棒で叩きながらテラスをのし歩く……。微動だにせず、鬼の動きをジッと目で追う年中組。次にどんなことが待っているとも知らず、「なんだ行っちゃった」と、ホッとする子も……。

今年は年中組も年少組も、まあまあだったかな？。

『たんぽぽ組』では、鬼の手帳によく名前を書かれるらしいBくん。勇ましかった。まっ赤になって泣きながら、両手を広げ、女の子たちを守っていました。

『さくらんぼ組』では鬼に向かって行き、戦っていた子もいました。

困ったのは年長組……。まず、『どんぐり組』。男の子も女の子も、すみっこに団子になって固まって泣いていました。鬼を見ないように床に顔をくっつける子、女の子の間にもぐりこむ男の子まで現れる始末……。ミヨコ先生が「男の子でしょ！」と、座り込む集団から、嫌がる男の子を〝ごぼう抜き〟のように引っ張って、鬼に向かわせようとしましたが、すぐ団子の中に戻ってしまう。ところが、担任が鬼に連れて行かれたとき、その団子の中から飛び出してきたのは、なんとKちゃん！　担任の右手を夢中で引っ張った。すると二、三人の男の子がそれに続く……。もっと早く出て来て欲しかった！

年長の『きのこ組』では、あお向けになって鬼に引きずられていく担任に、泣きながらとりすがり、取り戻そうとしたのも、男の子ではなくNちゃん。先生に乗っかったたまますべっていく……。乗りものに乗ったみたいだ。ミヨコ先生も鬼につかまった誰かを必死に取り戻そうとしたらしいが、やはり豆の油で踏ん張れず、ツルツルと床をすべっていました。Nちゃん、この日はとても疲れたのか、早めにぐっすりと眠ったそうです。

今年は、〝ヤマンバ〟（山姥）の池田のおばちゃんまで、子どもたちの味方として戦わねばならなかった（担任のいき届かないところをお世話してくれる池田のおばちゃんは、アングラの女優さん。その演技に凄みがある。ときどき池田のおばちゃんは、ユウレイなどに豹変してくれる）。これではあまりに年長児がかわいそうで、わたしは「なんとかしなければ」と、残っていた豆を取りに走った。

「もっと痛いの持ってきたよ！」……。

それを必死に手にして、二回目の時はしっかりぶつけていた。

今年は〝鬼〟になりそこねた母親二～三名が「どうしても現場を見たい」と、鬼の侵入する部屋を窓の外から、「次はどこ？　どこ？　あっち？」と走りまわり、うれしそうに見ていました。そして、どのクラスの担任も、子どもたちをかばいながら、なぜかうれしそう。窓から見ていた母親に言われました。

「ヨシコ先生がいちばんニコニコしていた！」……。

ナマハゲは包丁も持っているらしいので、秋田の子どもたちはどんな気持ちだろう。

子どもたちは小学校に入っても「鬼が出るの？」とか、「鬼がこなければ年長になれないの？」とか、思うらしい。

この節分の日の〝洗礼〟を受けた子たちは、少し〝たくましく〟なるようだ。例年そう思います。それにしても、今年は暖冬のため、『節分』と『立春』の話、子どもたちにするとき、ちょっと悩みました。

今は少々おかしくても

「タコがね～（お山の上から）コロコロを追っかけて、とんでいくんだよ～」……。

年少組のYちゃん、目をまん丸にして知らせに来ました。風は西から吹いてくるので、地面を転がるコロコロも、子どもたちが手にしている凧も、みな東の方向へ行く。コロコロはヒモが付いていないので、どんどん先へと転がる。凧はヒモが付いているので、それを追いかけるような形になる。大人にとっては何のことはない風景です。でもYちゃんは、「タコがコロコロを追いかけてる」と思ったようです。いい所に目をつけた、と思いました。まだ年少組、これから先、どんなことに気づいていくのでしょうか……。

このような場面に出会うとき、子どもたちが自分の力で感じ、考えながら、ゆっくりと成長していかれたら、どんなにいいだろう、と思ってしまう。

この日、ちょうど『蒲の穂』（中瀬幼稚園の文集）にスケッチを寄せてくださった広瀬俊介（東北芸術工科大学環境デザイン准教授）さんが、ご自分のゼミの学生を連れて園にいらしていて、これに通じる話をしていた時でした。

「こども時代はこんなふうであったろうに。大人になると、自分で感じようとしない、考えようとしなくなってしまう。これはその後の教育の影響も大きいだろう。その学生たちの目を覚まさせるのは大変なこと。目を覚ますことさえできれば、自分の力で感じ、考え、自信を持って判断し、前へ進んでいかれるのに……。学生たち、みなが皆ではないと思うが……」

Yちゃん、いつか「タコは決してコロコロを追いかけているのではない」ことに気づく日が来ると思う。しかし、今は、それが少々おかしくても自分の力でびっくりし、思ったことを口にしたということが、すばらしいと思いました。

命がけだね

「命がけだね」……。

Tさんが庭を横切りながら、トイ（樋）を懸命に運んでいるHくんを見て、にっこりして声をかけてくださいました。

その子は、自分のからだより長いトイを両手でしっかりと抱えて、何本かアゴで押さえ、引きずるようにして、必死で運んでいました。

またこの日、二人の子が「セメントだ」と言って、トイに砂を塗りつけていました。スコップと手で砂をたたき、その上にカンを転がして、自分が納得するまで、きれいに平らにしているというふうでした。誰かに〝頼まれたわけでもないのに〟……。

自分のしたいことを、ただひたすらに遊ぶ……。見ていると、泥水のかからない隅っこにちゃんといる子、泥水がかかっても平気で砂場の中央にいる子、砂場の外から手だけを入れて遊んでる子。みな、自分の気持ちにちょうどよい場所に陣どっていきます。Aくんは、せっせと水運び……。

少しずつ、少しずつ、その子の場所ができてくるように思います。そして、水を運ぶことも、トイを使うことも、みな意味を持ってきます。子どもたちにとって、ムダな遊びは何もありません。

園長の仕事って?!

Nちゃんに、突然いわれました。

「ヨシコ先生は何して働いてるの?　いつ働いてるの?」……。

どうやら、〝何して稼いでいるのか?〟ということらしい。

子どもたちと砂で遊んだり、クローバーの山の上で雲を見ていたり、虫を見つけたり、木や花をいじったりして、ウロウロしている。いろいろ気を配りながらそうしているのですが、年長組のNちゃんには、自分たちと同じレベルで動いているとしか映らないのでしょう。

「これがお仕事よ」と言っても通じません。

まだ入園間もない子どもたちに言われたことがあります。

「ぼくは○○組だけど、おばちゃん何組？」……。

砂場のシャベルの片づけ方を、「ここにしまうんだよ」と、とてもていねいに教えてくれた子もいました。わたしを指さして、担任に、

「あの子、お集まりなのに、まだ外にいるんです！」

と言って、何度もわたしに注意したＨくんは、いま小学校の先生になっています。担任と違って、わたしのような立場は理解するのは、まだ難しいようです。

事業所体験の中学生が六月末にまたやって来ます。彼らがいつも口にすることは、

「先生たちって、ただ遊んでいるように見えたけど、掃除したり、準備したり、相談したり、ぼくたちが帰ったあとの仕事がこんなにあるなんて、知りませんでした」。

おばちゃんじゃ悪いよ

『こども科学センター』で星空を見せていただいた帰り、出口で、ブルーの制服を着て掃除をしていらした方に、三～四人の子が、お礼を言って出ていきました。

「おばちゃん、ありがとうございました」

するとUちゃん、

「〝おばちゃん〟じゃ悪いよ。見せてもらったのに」

「なんて言ったらいいの?」……。

Uちゃんは、(七〇歳に近いと思われる方には)〝ちょっとそぐわないかな?〟といった表情で言った。

「おねえさん!」……。

Uちゃんからのこのひと言でことばが変わった。

「おねえさんありがとうございました」

この光景を眺めていらしたセンターの職員の方がひと言、

「気を使ってくれてありがとうね」……。

こんなに小さくても、ここまで考えるのだと思ったひとこまでした。そして〝おねえさん〟は終始ニコニコでした。

キノコ

「キノコがある！」

年長組の男の子二人が走って知らせにきました。

このごろ雨が多いためか、柿の木に小さなキノコがビッシリ。

「食べられる？」……。

「とんでもない！　キノコはゼッタイに食べちゃダメ！　あのねー、キノコが生えると木が弱っちゃうの。弱っちゃうとキノコが生えるのかな？　だからこの木に、このごろ柿がならないのかなあー」

「とろうか？」……。

「棒でとるといいよ」

三人でこすっていると、「なにやってんの～?」と、何人も集まってきた。担任たちも……。

訳を話すと、みな手伝ってくれました。そのへんに落ちている枯れ枝でキノコをつつく。

「ちょっと高い所、竹ぼうきはどうかな?」……。

湿った木屑やキノコがボロボロ落ちてくるので、「みんな～、お口閉じて～」と年長組の担任。竹ぼうきは、子どもたちには少し重いようです。

そのとき、「3番もってきた～」と、3番のハシゴを引きずりながら、「3番がちょうどいいと思って」とTくん。園にある四本のハシゴには短いほうから順に番号（No.）が付けてあります。このハシゴは大工の山形さんの師匠の南山さんが作ったもの。子どもの歩幅を考えて作っていただきました。木は水に弱いので、雨に濡らさないよう大切に使っているので、また、とてもしっかりと作られているためか、二〇数年たっても現役です。

4番はちょっと長い。3番は柿の木に掛けるのにちょうどよい長さだ。今までハシゴをよく使っていたから、高さと長さの関係を考えることができたのでしょう。

「誰かこのハシゴに登れるひと?」

ちょっと怖いのか、少し手間どる。するとTくん、

「落ちてもいいひと〜」……。「それはないよ」

Sくんがさっそうと登って、動物小屋を掃除するほうきでうまくキノコをとっていました。女の子たちの熱い視線を浴びて……。

ふと、近くのケヤキの木を見上げると、昨日は巣穴から二羽のムクドリのヒナが、可愛い顔を出して親鳥からエサをもらっていましたが、今日は一羽しかいません。自然界は厳しい。

またこのころ、年長児たちが、夏休みに入る前、お世話になったデッキの大掃除をしていました。ぞうきんがけの前に、板の隙間のゴミをつま楊枝や小さな棒、紙を丸めてつぶしたものなどで取っていました。

本当によくやっていたので、思わず、ある戦略を思いついた。

「あっ、思い出した! あたしここで二〇円落としたことがある! 一〇円玉二個と、もしかしたら一〇〇円玉も一個、五月のことだったから、ずーっと忘れてた。それ見つけたら『どんぐり』さんと『きのこ』さんにあげるね」

すると、今まで以上に仕事に熱が入ってきました。隙間のゴミを楊枝で取って、その間を虫メガネでのぞく子。

集めた綿ボコリや枯れ枝のかけらなどのゴミを大切に紙に包んでしまっている子も……。子どもたちは何でも宝ものにしてしまうのです。

「二〇円で何が買えるかな〜」……と心配する子。

「何が買えるかしら?」……とわたし。

「一〇円で五円のチョコが二つ買えますよ」……と担任。

「一〇〇円だと一〇円のチョコが一〇個買える」……と子ども。

一二〇円見つけたら、Mちゃんちのコンビニで何か買うことになったようです。Mちゃんちはコンビニ店をやっているのです。

二日目にしてようやく、節穴の下に落ちていた（落としておいた）一〇円玉一つと、一〇〇円玉一つを見つけました。すると、何とかしてそれをとろうと、道具づくりに熱が入りました。

紙でつくった剣の先にセロテープを輪にして付ける。これを節穴に入れて一〇円玉を取ろうとするのだが、一〇円玉はセロテープには付いてくれない。一〇円玉の代わりに枯れ葉なんかが付いてきたりします。

磁石で取ろうとするのですが、磁石が大きすぎて穴に入りません。こっちでは、紙でつくった剣の先に二本の楊枝をつけて挟もうとするのですが、

「これじゃ、はさめない」……。

そのほかにもいろいろありました。たとえば、楊枝をセロテープで止めて長くしたり、剣の先に虫メガネをつけたりしていました。

新兵器が使われるたびに、みな〝シーン〟となって、成り行きを見つめるのですが、ダメだとわかると、ザワザワと張り詰めた空気が緩む……。そして、誰かが次なる〝新兵器〟を手に現れる。

取れないまま、二日が過ぎました。

三日目、Sくんが、リュックの背に、カットした布ガムテープを数枚貼付けて園にやってきました。「セロテープより布テープのほうが粘着力が強いよ」と言っておじいちゃんが貼ってくれたと言います。布テープにはたくさんのゴミが付いてきましたが、子どもたちの力及ばず、担任のメリ先生がデッキの脇の金具をはずして取ることになりました。

しかし、精一杯考えたことに満足したのか、子どもたちの表情はさわやかに見えました。

Mちゃんのお店で、みんなに分けやすい袋菓子を一〇〇円で買い、子どもたちは、ほかのクラスにおすそ分けしていました。

「二〇円は、カルちゃん、マグちゃんの仏壇（死んでしまった生きものを偲ぶ場所）に供えよう」とメリ先生が言うと、

「それじゃ。ネコに小判だよ」

と言われ、地震の被災地への募金箱に入れることになりました。子どもたちは〝チャリンチャリン〟という音を満足そうに聞いていました。

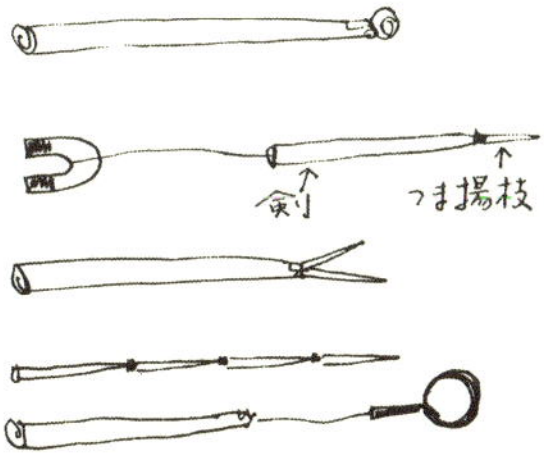

一寸の虫にも五分の魂

「ガンバレー、ガンバレー」……。

秋の空を精いっぱい飛んで力尽き、羽がボロボロになったツマグロヒョウモン（♂）を、年中児のSちゃんがキバナコスモスの花に、そーっと、止まらせました。数人の子がじっと見ていると、参加のお母さんや担任、そしておおぜいの子どもたちが集まって、手をたたきながらの「ガンバレ・コール」……。

チョウは最後の力を振りしぼるように、破れた羽を閉じたり広げたりしていました。それをじっと見つめる子どもたち……。皆いなくなったころ見に行くと、ツマグロヒョウモンは土の上に落ちていました。それを、そっとつまんで、再び花の上に乗せてあげました。しばらくすると、強い日差しを避けたのか、それともこのほうが楽なのか、花の陰にぶら下がっていました。

少したって、砂場で遊んでいた年長児の集団からSちゃん（別のSちゃん）が、手のひらに砂まみれの白い幼虫を乗せて出てきました。

「かわいそう〜、つぶれてる。しるが出てる。どうしよう〜」……。

泣きそうな顔。砂にもぐっていたところを踏まれたらしい。半分つぶれているが、砂を取ってあげると、頭を持ち上げ、もがいていました。

「マジョバーさんの所の柔らかい土に置いてあげたら……」

「うん」

そう言って走って行きました。

その数日前、ある方が、公園で弱って飛べなくなっていたツマグロヒョウモンを土に埋めていた四〜五年くらいの小学生に、「ババア、うるせえ」と言われることを覚悟して注意したところ、〝ポカーン〟とした表情で、「弱っていたから埋めた」と言ったそうです。この子たち、こうしたらいけないということを、どうも知らなかったようだとのこと。

その日の夜の勉強会である園の方が、「ザリガニ五匹もらって、四匹死んだので、すぐまたもらったんです。たくさんいるからって」……。

「エーッ！」……。耳を疑いました。

どんな小さな命でも、そのひとつひとつの〈死〉を、子どもたちとていねいに受け止めねばならないと思うのですが……。

「一寸の虫にも五分の魂」……。

小さな虫たちの命は、子どもたちが〈生死〉を考えるのに、とてもわかりやすい大きさだと思います。

「小さな虫たちの命は、その子の手の中で、生かすも殺すも、どうにでもなる。殺さないことを教えたいです」……。

昆虫の研究者、落合進（聖徳大学教授）氏の言葉であったように思います。

もうすぐ十月三十日。私たちに、たくさんの贈り物をくれた猫の『カル』の命日です。

最近どこかおかしい

キンモクセイ……、例年ですとお彼岸のころには甘い香りが漂っていました。ヒガンバナ（彼岸花）もそのころ、秋の日差しを受けて輝いていました。だが、今年はとくにおかしい。

キンモクセイは今年、『なかせまつり』の少し前からようやく匂い始め、まだほんの少し花が残っている木もあります。ヒガンバナも、今年は九月の末のころが美しかった。朝露が草むらを濡らし始めるのも九月半ばのころだったと思いますが、一カ月くらい遅れているように思います。

サクラ（桜）も三月の末に咲くのが普通となり、四月一〇日頃に見ごろを迎えることは少なくなってしまいました。ヤエザクラ（八重桜）は四月の末に咲き始め、連休のころが満開でした。少なくとも一〇数年前までは、それが普通であったように思います。三、四年前、サクラが卒園前に咲き始めた年、「サクラ散ったら一年生～♪」と歌っていたことがありました。

十一月の紅葉も、今年は十二月になるかもしれません。間もなく十一月になるというのにオシロイバナの葉は青々と元気がよい。

どこかおかしいと思っていることでも、これが一〇年も続けば、それが当たり前のことになってしまうでしょう。そして誰も〝おかしい〟とは思わなくなってしまうでしょう。北海道でお米がとれることも……。

ここからスタートしている子どもたちは、これが〝普通〟であり、〝おかしい〟とは思っていないかもしれません。わたしの年代はずっと前にスタートしているので、過去を振り返ると、だいぶ変わってきたことを感じます。わたしよりも、もっと以前に生まれた方にとっては、変わったことは数知れないと思います。

お母さんたちの赤ちゃんとの〝接し方〟もだいぶ変わってきたように思います。先日、薬局で薬を待っていたときのこと、近くに座っていた赤ちゃんを抱いた三組のお母さんたちが皆、メールをしていてビックリしました。その中の一人の赤ちゃんは、何かしきりに「アー」とか「ウー」とか言って、小さな手をお母さんのほうへ差し出し、しきりに何かを訴えていました。しかし、お母さんはメールに夢中、赤ちゃんには無応答……。せっかく、赤ちゃんのほうからお母さんにコミュニケーションを求めているのに、その芽をしっかり摘んでしまっていました。

茂井万里絵（国学院大学幼児教育専門学校）先生も、ケータイ、とくに「マナーモード」の時の危険性についておっしゃっていました。

この赤ちゃんたちの数年後がなんとなく想像されてしまいます。その時になって、気づいても（気づけば、の話ですが）時すでに遅し。自分に反応してくれなかった経験があるから、外に向かって反応する力が弱いでしょう。そして、それもまた〝普通〟のことになる時がやってくるかもしれません。赤ちゃんは、いろいろ発揮できる〝能力〟を、そして〝感じる力〟の芽を持って生まれてくるはずです。それが発揮できるような、大人の側からの配慮が必要だと思います。

いろいろ身近な日常の中で、〝何かおかしい〟ということを感じなくなることは、やはりよくないと思います。

〝おかしいよ、これ〟と思う感覚を失いたくないものです。わたしも……。

追記　「マナーモード」の危険性について：固定電話は音がするので、人が受話器に走って行くという一連の流れがあったので、子どもは、授乳中だとしても今お母さんが自分から離れていくのは〝電話がかかってきたからだな〟ということがわかります。しかし、ケータイが「マナーモード」になっていると、母が自分から離れて、ケータイを手にしたのは、どうしてなのかわからず、子どもは母への不信感を持ちがちで、愛着、信頼関係が築きにくいのです。

幼虫の死

Sくん、泣きじゃくりながら葉っぱの中の幼虫を手にしてきました。少し前にSくんにわたしが渡したものでした。どうも誰かに〝踏みつぶされて〟しまった様子なのです。葉っぱのかたまりのゴミのような中にいたので無理もないことでした。そしたらRくんが、「ぼくがやっちゃったの。ごめんなさーい」と叫んでいました。

葉っぱが落ちているように見えるので仕方がないのですが、この小さな幼虫の〝死〟に対して涙を流していたことに、わたしはSくんの〝心の育ち〟を感じました。自分が部屋へ持って行ったので（わたしが持たせたのに）こうなってしまった、という責任感のような気持ちもあったのかもしれません。いままでの小さな出来事の積み重ねのなかで、このような気持ちが育ったのでしょう。

柿の木の精

長いこと、私たちを楽しませてくれたとなりの柿の木畑……。柿の木が切られる日、何か寂しくて、わたしはその光景を見に行くことができませんでした。あとで報告を聞いたところ、子どもたちも〝そんな思い〟で見ていたらしく、少々胸が熱くなりました。

あたり前のように、いつも変わらぬ風景としてそこにあった畑……。子どもたちも、ときどき塀越しにのぞいたり、柿をとらせていただくくらいであったが、いざ、それが無くなってしまうということになったとき、それは子どもたちにとって大切なものだったのだということを感じます。

私たちにとっても思い出の柿畑、塀から出て鈴なりの柿に〝つい〟手が出てしまっ

たらしく、

「あそこに行ったら運よく落ちてきた」

と、切り口の新しい柿を持っていた子がいました。

また、ある年、「あの塀を素手で乗り越えないと卒園できない」と言ったら、ハシゴなしで全員乗り越えて、柿畑の土に飛び降りたこともありました。いろいろなことが思い出されます。

植物や生きものを大切にすることができるようになってきた子どもたち……。あの日、自分たちのしていることとは、あまりにかけ離れたものを目にし、さぞ心を痛めたことでしょう。

園では、木を切ったり、枝を払ったり、枯れ枝をとったりする職人さんの仕事は見せています。しかしそれは、今ある木が元気になるためであったり、枯れ枝が落ちると危ないからということでした。切った木は、できるだけ園庭に運んでいただき、空洞になってしまった部分などをしっかりと見せています。野鳥の巣が木の中に見つかったこともありました。

長年お世話になり、もう使えなくなったものを処分するとき、園ではジュースやお酒をかけ、「ありがとう」の気持ちを込めて、時には燃やしたりして、できるだけていねいに送っています。昨年はターザンロープや、園舎改修の折りのトイレなどとお別れしました。保育室に飾られた花も、ゴミ箱ではなく、『花咲き山』（センダンの木の下）などに置いて土に還しています。

こうしたことを含めたさまざまな経験の中で、〝感じる心〟が子どもたちの中に育っていることを、この出来事を通して改めて思いました。切られていく木たちへの〝いたわりの心〟といったらよいでしょうか。

工房の方が、いただいた柿の枝を炊いて、柿の木の精の色を蘇らせてくださるそうです。どのような色が現れるでしょうか……。楽しみにしています。

ヘビのヌケガラ

一年生のMちゃんとSくんが、「ヘビのヌケガラがあった〜」と、泥が付いた、少々怪しげなものを手に職員室へ駆け込んできました。〝ヘビのヌケガラなんかあるわけない。これはきっと、お弁当のシャケの皮だろう〟くらいに思いながら、「キャー、やめてー」などと、びっくりした振りをしておきました。

四、五日して、ある方が、

「あれ本物のヘビのヌケガラって、山形さんが言ってましたよ。ミモザの枝に掛けてました」……。

そういえば、シャケの皮にしてはちょっと長かった。シャケとばの皮がある訳ないし……。その痕跡をミモザの木のあたりに探しましたが、まだ見つかっていません。

どこにいったのでしょう。

職員室にも今、ヘビのヌケガラが〝二つ〟箱に入れてあります。先日、見学にいらした宮崎の園の先生とヘビ談義になった際に、

「ここ、ヘビいませんか? うちの園にはよく出ますよ。先日もシマヘビがいました。こんなに長いの……。ヌケガラもよく見ます。このあいだも、園庭にあったから投げときました」

「もったいない。それください」……。

二日ほどして、「書類など」と書かれた宅急便が届きました。〝約束の品〟でした。この〝品〟をときどき隅っこで、そーっと、子どもたちに見せています。『どんぐり組』の担任アツコ先生はこれを見ると、子どもたちよりずっと大きな声で反応します。

「キャーッ」……。

とても興味があるようです。

大人の役割

「葉っぱ寒かったんだね～」……。

そう言って白い細かな霜のついた草を手に、クローバーの山の向こう側から、年長組の女の子二人が歩いてきました。田んぼに初めて薄氷が張った朝のことです。

その数日前、みどり色がうっすらと残っているけど、もうほとんど枯れてしまっているガマの茎……。「もういいかな?」とハサミで切っていたところ、「生きている草、切っちゃだめ!」と、年少組のHちゃんに言われてしまいました。

センダンの木の下の『花咲き山』に置かれた花など、〝まだ使える〟と言ってすぐに誰かに拾われ、保育室に飾られたり、花束にされます。お母さんへのプレゼントかもしれません。

花束といえば、七日のコンサートのとき、子どもたちが作った花束は素敵でした。まだ学生の方々（子どもたちへのコンサートは「とてもむずかしい」とおっしゃっていた）、とても大事そうにずっと手にしたまま帰られました。「この花には、何色の紙やリボンが似合うのか」と、いろいろ取り替えながら作ったあの花束には、そうしたくなるだけの〝美しさ〟があったと思う。

これら小さな出来事ではあるが、そこには日常の会話を通して、大人の考え方、価値観が大きく働いていることを感じます。柿畑の出来事もそうだったのではないでしょうか（「柿の木の精」参照）。そう思うと、この仕事は〝環境づくり〟も含め、大変な仕事だと感じます。

カミナリの木のこと、花咲き山のこと、雨水タンクのこと、クローバーの山のこと、スズランテープのこと……。小さなことだけれど（大きな意味もあると思う）、この子たちが将来のどこかで、「思い出してくれたら」と思っています。

たき火は知恵の泉

寒い日が続いています。このようなとき、温まるには『たき火』がいちばん。炎が出るのは「遠赤外線」なので、からだの芯まで〝温まる〟と聞いています。本当にたき火の火は、ヒーターよりも、からだがしっかりと温まるように思います。

〝たき火〟のための仕事はたくさんあります。葉っぱを集めたり、お友だちと協力して段ボール箱を運んだり、大きな枝を運んだり、火に風を送ったり……、動くから温かくなるということもあるでしょう。

ここで、子どもたちは「どの葉っぱがよく燃えるか」、それは「どこにあるか」、友だちどうしで伝え合います。枝の折り方もいろいろな折り方を試しながら、足も使って太いものでも折る子がいます。そういえば二〇〇六年の冬、文部科学省の調査官の方が見学にみえたとき、「子どもたちが足を使って枝を折る」ことに驚いていました。「こんなことに驚くなんて」と、わたしのほうが驚きました。今の子どもたち、枝も折れない子がほとんどなのだそうです。

三歳児が、枯れた柿の枝を大勢で引っ張るようにして、折ろうとしていました。「引っ張っても折れないよ」と思いましたが、いろいろやって、なんとか折ってしまいました。すこしたくましくなってきたのかな？

枝や葉っぱにより、燃え方が少し違います。それを知っているのか、燃やす前に、「これ、よく燃えるぞー」「これ、いい音がするぞー」……。

いろいろなものを燃やしたので知っているんでしょうね。

エリカの枯れた枝を、ほんの少し火に入れたところ、パチパチと炎が高く上りました。この燃え方は、子どもたちにとって初めてのことで、歓声があがりました。

たき火で焼いたギンナンは香ばしくておいしいです。いく粒か灰の中に入れ、一つが〝パーン〟と爆発すると、「ほかのも〝もうできてるよ〟という合図よ」と伝えると、少し離れた所でじっと耳を澄まして音を待っている子、通りがかった突然の音にびっくりする子……。子どもたちの声をひろうため、園にフィールドワークにきている共立女子大学の村上康子さんはビデオカメラを片手に、子どもたちがその音にどう反応するか、うれしそうに駆けまわっていました。

ふと、思いました。

「バクダン作りのきっかけって、もしかしたら、ドングリやギンナンのような木の実を火に入れて、爆発したことかもしれない」……。

年長児はもう、石で叩いてギンナンを割るということを知っています。でもまだ土の上に置いて叩いている子が多いようです。もう少したつと、石など、かたい所に置いて割ったほうがよいことに気づくでしょう。〝火〟は、私たちの気持ちを前向きにしてくれるようです。

狩猟採集の時代をもう一度

『竹の子村』で、お芋畑の肥料に使う笹の葉を集めていたとき、年少組のMくんがクラス仲間と少し離れたところで二本の枝切れを刀を差すように、懸命にズボンに差し込んでいました。

「悪者をやっつける」……

のだそうです。この行為には獲物をとるという意味もあると思います。

朝、門のところでも、まだ二歳になるかならないかの男の子が、手に棒をしっかりと握って入ってくることがあります。また女の子たちが、『花咲き山』などから集めた花や、何かの種や実など、手に握りしめていたり、ポケットにいっぱい入れている姿を見かけます。こんなに小さな頃から、なんとなく男の子と女の子では〝遊び方〟

が違うと感じます。

上記のMくんのことや、つい先日、Tちゃんが夢中でサクランボの実を口に入れていた姿を見ると、彼ら文明の世に生まれた子であっても、遠い祖先が〝狩猟採集〟の時代にしていたことを、無意識にくり返しているのではないかと思ってしまいます。

そして、砂や土で山をつくり、崩し、水を使って流れをつくり、そしてまた手で砂を握ってサラサラ落とし、すぐ崩れてしまうようなお団子をつくり、容器の中にドロドロの砂を入れて、両手でひたすらかき混ぜる……。

一見、このような行為は見過ごされがちです。しかし、この子たちが、これから人間として生きていくために最初にする行為として、わたしは大きな意味を感じます。これらをやらずして、子どもたちは現代の〝文明の世界〟に飛び込めない。飛び込ませてはいけないのだとも思います。

ノビルやサクランボはそのまま口へ、ヌカや水、砂、土はからだ中で浴び、いろいろな感触に満ちた大地を歩き、火の暖かさと危険を知る。いろいろな棒を手にして、安全な使い方、便利な使い方を知る。そしていろいろな仲間との接触……。そんなことをゆったりとした時間と空間の中で、体験していきたいものです。そして大人も…。

雨と土と傘と長靴とスコップと……

杉並・練馬・中野……。この地域に〝どしゃ降り〟の雨が多いのは、人災の要素もあるそうです。シトシトと降るあの梅雨の降り方がなつかしい。園庭に細く長い川筋ができ、ほどよい水たまりで遊んだり、傘に長靴でアジサイ（紫陽花）を見たり、カタツムリを見つけたり……。

はっきりと雨の降り方が違ってきたのは、二〇〇三年〜四年ころからでしょうか。雨は〝ザーッ〟と降って、園庭は海のように水があふれ、土や砂がどんどん道路のほうへと流れていきます。

天候に逆らうことはできません。天候に〝付き合う〟ことだと思っています。とくに園の庭では昨年、建築家の石山修武（建築家、早稲田大学教授。ひろしまハウス、リアスアーク美術館、伊豆の長八美術館などを設計）氏にお知恵を借りて、こんなに雨が降るならばと、屋根に降った雨をうまく雨ドイに流して〝水車小屋〟をつくったのも、そのあたりの事情によります。雨ドイにうまく雨が集められず、水車はまだ未完成……。しかし、小屋の外で小さな〝大根の水車〟が回っています。

ときどき地面や排水関係の職人さんにも入っていただいていますが、その職人さんのやり方にヒントをいただいて、お母さん方の力を借りて庭の手入れをしています。

その姿に影響を受けたのだと思います。年長児たちが、雨水がうまく流れるよう、土が流れないように、雨の日はレインコートに長靴、手にはスコップを持って、土木工事をしています。

そのなかで学ぶことはたくさんあります。本当にたくさんあります。土が流れて困る所には草や小枝・枯れ草などを置くと、そこの土が押さえられること、草がクッションとなり、雨粒の衝撃で土が掘られないこと、植物があることはとてもいいこと、草や砂粒で漉された雨水は澄んだ水となること……。わたしはちょっとすくって飲んでみました。「おいしかった」……。子どもたちは、なめるだけ。

「あした雨になりそうだから、これやっとかなくちゃ」

と、土が雨に押し流されそうな場所に太い枝を置いたり、次の日、

「台風をうまくよけられたよ」

「よかったな〜」

刈った草などを、捨てにいこうとする姿を見ると、

「だめだよ、すてちゃ！。ここにおいとけば土を守ってくれる」

「あっ、そうか！」

あるとき、

「根づくかな〜」……。

そう言って、小さな葉のついた大根の首だけになったものを植えている子がいました。たぶん〝ダメだろう〟と笑っていたら、根づいていました。花も咲くかもしれません。

「まいったなー」……。

〝コケ〟もじょうずに使っています。子どもたちの知恵はあなどれません。

今の年長児たちの仕事の陰には、年中・年少の時の体験があるからでしょう。

こういう経験があってのち、理科や社会などに出会えば、受け取り方、ちょっと違うんじゃないかな。

以前よく聞かれました。

「幼稚園って、おかあさんたちが大変でしょ?」

「いいえ、大変なのは土です」……。

すると、怪訝《けげん》な顔をされました。

「子どもの過ごす環境は壊れやすく、直しやすいのがいい。そして終わりのないのがいい」……。

最近ある雑誌にこう書きました。

追記:この水車小屋づくりは、二〇〇八年六月～八月、世田谷美術館にて『建築がみる夢　石山修武と12の物語』の一つ、「天の川計画」として記録写真などとともに、展示されました。そのオープニングレセプションの会場で建築家の伊東豊雄氏とほんの少しお話させていただく機会がありました。〝どんな子ども時代をお過ごしになったんですか？〟〝家の前は湖、東は山、森や湖で思いっきり遊び回っていました。ランドセルを放り出して〟

あのいくつかの建築、たとえば銀座のミキモトの面白い窓などを見る限りは都会のお育ちと思っていましたら、長野県諏訪のご出身でした。遊び回っていらしたのか、やはり！　氏の言葉に何かヒントをいただいたようでした。将来小学校などで、いき詰まったとしたら、参考になるひと言だと思います。

ニセモノ引き換え券

ヤマブキ（山吹）の茎の中には、白いスポンジのような芯が入っていて、うまくやれば、5センチ以上の長さで取り出すことができます。5センチ以上できた人には「引き換え券」を出しました。

「やまぶきの　ひきかえ　はじめます」

こんな「お知らせ」を、あるとき、〝こっそり〟と隅っこに貼りました。こっそりと貼っても、こういうものは、すぐにウワサとして広まっていくものです。

貼ると同時に、券を持って、子どもも母親も〝引き換え〟に来ました。目をつむって袋の中の〝お菓子〟が取れるのです。ちっぽけな駄菓子であっても、こうして手に入れることは、大人でもなんだかワクワクするようです。

「ニセモノはつかえません」

このひと言は、子どもたちに「ニセモノを作っていいよ」と言っているようなもので、もう引き換えた子までお菓子をもうひとつ手に入れようと、なんだかうれしそうにニセモノの〝引き換え券〟を手にして、「おじゃまします」とやって来ました。これは「公文書偽造」です。

この「引き換え券」は、文字で、子どもたちが書いたものとすぐにわかります。しかし虫メガネを使って、じっくりと検査点検すると、子どもたちはドキドキして待っています。「バレるのを」……。

そのほか、わたしの作った「引き換え券」と大きさをそろえればいいと、すでに使った券の上に紙を貼って、大きさをそろえてカットして作ったものを持ってくる子、また「引き換え済」の券には〝不正防止〟のためウサギのハンコを押しましたが、そのウサギの印の上に紙を貼って隠し、まだ使っていない券を装った子、しかもその貼った紙の上に、地のノートの線まで薄く描いて本物らしくしていた子までいました。年長児になると、ここまで知恵が進むのかと、本当にビックリしました。

「あっ、これはニセモノです。ニセモノを作ってはいけません」……。

前科一犯、ニセモノは押収です。

手に油性マジックで×を描くと、これもなんだかうれしそう。

「ここに描いて！　もうひとつ」……。

なかには水やセッケンで消して来る子も。

「消しちゃったも〜ん」……。

ニセモノを持ってきて、サッと手を出し、「描いていいよ！」……。なんとTくんは手を濡らしてきたのです。油性マジックは濡れたところには描けません。


まだトコロテンのように、ヤマブキの芯を突き出すことを伝える前、Tくんの母は「なんとかしよう」と、ヤマブキの枝を鍋で煮たそうです。フニャフニャになって「どうしようもなかった」とのこと。あたり前ですよね。

でも、思いつくことは何でもやってみること……。これは生きる〝力〟です。

メジャーで計って、「五センチに少し足りません」と言うと、引っ張って五センチにしたり、五センチに満たないヤマブキの芯をいくつかセロテープでつなげて五センチにした母親……。

ニセモノづくり、この犯罪に走らせたのは、ほかでもないこの《わたし》でした。

ところで、時代劇に灯明がともっている場面、見たことあると思います。

「あれはたしか、ヤマブキを灯心に使っているんだと思う」とは、大正生まれのわたしの母の言葉。子どものころ、夕方になると仏壇に灯をともしたそうですが、やはり、油にヤマブキでできた灯心を浸して、火をつけていたそうです。

「いま思うと、ずいぶん危ないことをしていた」と、言っております。

わたしのお知らせ

子どもの作ったニセモノ

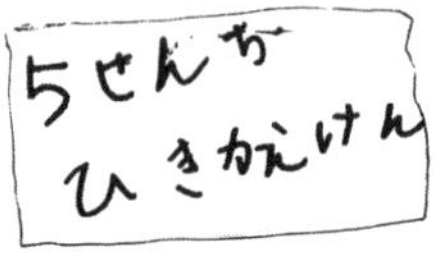

子どもの作ったニセモノ

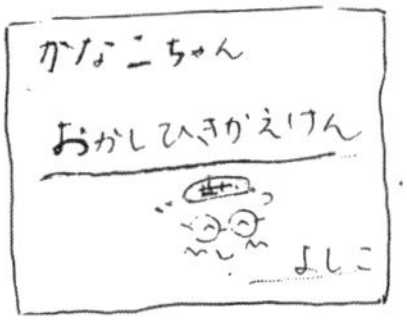

担任の作ったニセモノ

カエルとヘビ

先日の土曜日、中央線の車内でのことです。すぐとなりに立っていた高校生らしき明るい二人の会話が耳に入ってきました。

「今年も家のポストにシジュウカラがたまご産んでねー。それでおじいちゃんがもう一つポストつくったの。ヒナになるまでポスト使えないから」

「へぇー、もったいないないそんなの。シジュウカラがたまご産まないようにすればいいのに」

「だって、シジュウカラがかわいそうだからって。ときどきヘビが来るんだ、たまご食べに」

「あっ、あたしヘビがカエル飲み込んでいるところ見たことある」

「爬虫類が爬虫類を飲むんだ、ウヮー！」

わたしもヘビがカエル飲み込むところ見たことがあります。頭から飲み込んで、からだの中に入っていくまでにとても時間がかかっていました。

〝あれっ！　カエルは爬虫類じゃなくて両生類だったような気がするけど？〟

オタマジャクシは川の中でカエルになると、陸に上がって……。そうだ、たしかに両生類です。なにか気になって、思い切って

「カエルって両生類よ」……。

「あっ、そうですか、ありがとうございます」

二人は某女子大学付属の高校生でした。いまどきの高校生の会話に、なんともかわいらしさと親しみを感じました。家へ帰って「今日電車の中にヘンなおばさんがいた」なんて言われているかもしれません。

それにしても逃げた園の〝親ガエル〟と〝子ガエル〟、元気でいるかなー。今年は梅雨が長いとのこと。〝二人〟(蛙)にとってはラッキーです。

影って、ザラザラしてるんだ

ある日差しの強い日……。アスファルトに映った自分の影を両手でなでて、五歳になる孫のHは、大きな発見をしたような表情をしました。もし、その影がツルツルのタイルなどに映れば、「影って、ツルツルなんだ」と、叫んだかもしれません。

先日、落合進（昆虫の研究者、聖徳大学）先生に〝虫の話〟をしていただいたとき、それまでいろいろな虫が映っていたスクリーンの紙を、やはり両手でなでて、「なんだ、紙だ～」と年中組の子が言いました。何か特別のものと思っていたようです。

そして、ある母親が、建築の雑誌をめくっていて、確かに古びた板か壁の写真を触って、「あらっ、ツルツル！」と言ったかと思うと、「あらっ、これ写真ですものね～」と、ちょっと恥ずかしそうに笑っていました。また、卒園生であるわたしの息子が言っていました。

「砂も石も木も土も、何もかも、硬いのか、柔らかいのかわからなかった。触ってはじめてわかった。だからなんでも触った」……。だいぶ遠い記憶であろうに。もう亡くなって一五年以上もたつが、「逗子かぐのみ幼稚園」にいらした美術教育家の小関利雄先生が、よくおっしゃっていました。

「〈触ってわかる〉から〈視ただけでわかる〉ようになるんだよ」……。

二歳～三歳前後の子どもたちは本当にたいへん、何でも触る。でも、その体験を通していろいろなモノが育っていくのだろうと思います。心ゆくまで触ることが許されているものが子どもたちの周りに、その質とともに、どれくらいあるでしょうか。いろいろな状態の土に触れてはじめて、この土は硬そうだとか、フカフカに見えるから柔らかいだろうとわかっていくのです。

また、濡れている土は滑ることを知らない子は、はじめ滑ってしまう。しかし何度か滑った経験を通して、「ここは滑りそうだ」ということを知っていくのだと思います。体験が大切です。

虫の世界の不思議

台所の入り口のところで、ミツバチたちが〝ブンブン〟と団子になっています。よく見ると、その隙間から黒と黄のシマ模様の大きなハチが見えます。

「なにしてるんだろう。なんだかすごいなー」……。

どうやら大きなハチはもがいて、必死にミツバチ団子の中から逃げようとしています。そこにミツバチたちは「逃がさないぞ」と言わんばかりに食らいついていきます。

そのうち弱ったミツバチが、その団子からこぼれ落ちて、ブルブル震えながら苦しそうにしています。力尽きたのか、とうとう食らいついているのは三〜四匹になってしまいました。いつのまにかミツバチのほうに加勢しているわたし……。

このままでは大きなハチに逃げられてしまう。

「ごめんなさい」と、心の中でつぶやいて、三〜四匹のミツバチに犠牲になってもらい、大きなハチを思い切り踏みつけました。傷つきながらも逃げられてしまえば、これだけの数のミツバチたちが頑張ったことが水の泡となってしまいます。大きなハチは、犠牲となったミツバチとともに、泥にまみれて潰れていました。

しばらくして見ると、なんと、さっきの団子からこぼれ落ちたミツバチたちは、まだブルブルともがいていました。「殺して楽にしてあげようか、どうしようか」……。しばらく見ていましたが、踏みつぶすのをやめました。しばらくして見ると、もうそこにミツバチたちの死骸はありませんでした。たぶん、鳥がつついて食べたのでしょう。

次の日、なんとなくいつもの木の根元の所にあるミツバチの巣を見ていました。まわりの地面に何か枯れ葉のような、茶色がかったオレンジ色のものがバラバラと落ちていましたが、枯れ葉ではないようです。よく見ると、それは何匹もの、きのう見た大きなハチの死骸でした。そしてミツバチたちが群団となって、地面の上や木のところを這いまわっていました。

「そうか。枯れ葉に見えたのはミツバチの巣を狙ってやられたハチの姿なのだ」……。

そこへ、一匹のあの大きなハチが飛んできました。すると、地面の上のミツバチたちはざわめき始め、一瞬、みなでそろって羽を震わせています。なんの合図だろう。しばらくして、また見にくると、きのう見たミツバチたちの団子があり、隙間から、大きなハチの姿がチラついたのです。

「そうか。きのう、わたしが踏みつぶしたハチはここから台所の入り口まで、あんなところまで追われて行ったのか」……。

ミツバチたちは自分の〝命〟と引き換えに〝巣〟を守ったのです。虫の世界の不思議なひとこまでした。

生きる力ここにあり

誰にもつかまらなかった〝そうめん〟は、流れ流れてザルに落ちます。

〝終着〟のザルに年長組の男の子たちが群がっていました。

「このほうがいいぞー」……。

たしかに、これなら箸で必死につかもうと努力せず、楽に食べられます。

「でも……これじゃ〝流しそうめん〟にならない」……。

竹を流れてくるそうめんを、箸で引っかけながら少しずつ食べる子、それよりもお椀にため込んでから食べるほうがたくさん食べられると思う子……。どっちがいいのかしら？

殺気だっているところあり、和やかなところあり……。三歳児は、箸は危ないからと指を箸にすることにしました。

サツマイモの茎（正式には葉柄）を煮て食べるときもすさまじいものでした。茎がなくなるとドンブリから直接つゆを飲んだり、両手ですくって飲む始末。すでに甘いおつゆでシャツまでビショビショ……。この日の味が特別おいしかったのでしょう。

ただ、このまま外へ行ったら大変です。ハチが寄ってくるかもしれません。そこで、みんなプールで洗うことに……。お湯だったので（ブルブルするといけないので）みな大はしゃぎです。

みんなで食べることは「いいな」と思う。ガツガツ（どんな小さなものでも分け合って食べることが基本ですからご心配なく）と食べる子の姿に〝生命力〟を感じます。

人間は生きるために食べる。食べるために生きる。どちらでしょうか？　とりあえず、食欲は生きる力につながるようです。「生きる力」ここにありです。

食べる子は育つ。育つ子は食べる。

いのちへのまなざし

つい先日のことです。ふとしたことで、年少児のMちゃんがカマリキを踏んでしまいました。カマと頭がわずかに残っているだけで、緑の葉っぱのようになってしまいました。年長児ですと、誰かがすぐに「あっ、かわいそう」と叫ぶのでしょうが、その時は誰も何も言いませんでした。

担任のセイコ先生がすぐに拾って手のひらに乗せ、

「カマリキこんなになっちゃって、かわいそう！」

と言いましたが、それでも「シーン」……。

二、三秒たってから、じっと見ていた二人の子が、「かわいそう」と言いました。

この二、三秒のあいだ、二人は何を考えていたのでしょうか。何かを察知したのか、心の中に小さな変化があったように感じました。

年少児は「かわいそう」と思うよりも、つぶれているという現象に興味を持つようです。

だいぶ前のことになりますが、大きなカマリキが誰に踏まれたのか、つぶれて反対側の下から汁が出ていました。すると何人かの年少児が寄ってきて、「反対側みせて！」と言っていました。

遠足のとき、年長児のMちゃんが、アスファルトの上で死んでいるトンボを見つけると、すぐに手のひらに乗せ、近くの畑の草むらに置いていました。アスファルトの上で死ぬのは「かわいそう」と思ったのでしょう。メダカをすくう時も、Mちゃんは水と一緒にすくっていました。水がないとメダカは苦しいということを知っていたからでしょう。

現象に興味を示す時期を通ってのち、「かわいそう」という感情が育ってくるのかもしれません。

子どもたちは弱っている虫を見つけると、きれいな葉っぱの上に乗せたり、死んだ虫を葬る時もかならず小さな花を添えています。年長児たちのこのような気持ちも、先の年少児のようなプロセスを経て育っていくものだと思います。

このあいだ、キバナコスモスのところで羽がボロボロになってはいるが、ヒラヒラとゆっくりと飛んでいる白いチョウチョを見つけ、子どもたちに知らせたところ、子どもたちはみんなで真剣な目で見つめ、「ガンバレ、ガンバレ」と叫んでいました。

「みんなやさしいな、だけどこういうときは〝シー〟だよ」とアッコ先生。

すると小さい声で、

「ガンバレ、ガンバレ」……。

その日、子どもたちが帰ったあと、この話をすると、「今日死んでいたチョウチョ、子どもたちが草のところに埋めてました」とカナコ先生。どうもあのチョウチョらしい。教えられた場所に行くと、しおれてはいましたが、アカマンマ（イヌタデ。紅を帯びた白色の花が咲く）が一本、土に挿してありました。

かわいそうはどこから？

一年生のSちゃんは犬を飼いたいそうですが、いろいろな事情で、今は飼えないそうです。ある日、見せたくなかったのに、まずいことにペットショップの前に来てしまったとのこと。するとSちゃんは、

「こんな狭いとこに閉じ込められて、かわいそう〜！」……。

Sちゃんのお母さんは「かわいいー！」と言うかと思っていたそうです。もちろん、居心地よく飼っているペットショップだって、きっとどこかにあるに違いありません。そう考えたいです。

幼稚園のとき、お花を大切にし、弱った虫でもお花の所に置いてあげたり、元気に走り回っているウサギの〝リリーちゃん〟を見ていたSちゃんににとってみれば、こ

の光景は信じられないものだったのかもしれません。

Sちゃんのこんな感覚は「園で生きものと関わってきたから」と、お母さんは言います。確かにそれもあるかもしれません。しかし家庭の影響はそれ以上に大きい。「かわいそう」「きれい」といった感覚は大人は教えることはできません。こうした感覚的なものはより感覚的な世界に生きている〝幼い時〟に育まれるものだと思います。

このあいだ、年長組のAくんが弱った〝バナナ虫〟（ヨコバイ）を持ってきました。「水の中でおぼれているのかと思ったら生きていた。日なたに置いたら少し動くようになった。どうしよう？」……。

「ヒーターで暖めたら？」

少し暖めていたが、「風がくるからダメ」だと言います。

「ボールに入れて暖めたら？」

「ボールが熱くなるからダメ！」……。

そうこうしているうちに、ヨコバイは少し飛んで、Aくんの肩の所にとまりました。こんな小さな出来事（子どもたちにとっては小さくはない）に付き合っていくことが大切なのかなー、と思います。

文化とは汚さないことである

「こんなに拾ってきた～」という顔で、うれしそうに朝、園にくる途中で拾ってきたゴミを見せる子。そして、自分たちで分別したビンやカンを出しに行く子……。

『さくらんぼ組』のテラスには子どもたちが描いた絵の分別箱があります。「もえるもの」「もえないもの」「しげん」と、たどたどしい文字も添えられています。そういえばこのごろ、園から出すゴミが少し増えたかなー。

『竹の子村』にカラスが落としていった〝ゴミ拾い〟からの出発。

「こんなにたくさん集まった」

と言ってうれしそうに分別している子どもたちを見ていると、なんだかうれしいような、それでいて複雑な気持ちになります。まだ捨てる行為を憎むよりも、たくさん拾うことのほうがうれしいのかもしれません。

「文化とは汚さないことである」……。

最近目にした言葉で、だれの言葉であるのか忘れましたが、わかりやすくて、いい言葉だと思います。

このごろ、きれいな秋の葉っぱのかわりに〝ゴミ〟を手に門を入る子が目だってきました。自分にできることからする。小さなことでも、この子たち、ゴミを無責任に捨てる大人にならないでしょう。そう願っています。

第二グラウンドの「落ち葉集め大会」……。思いついて二〇〇七年から始めました。単純なことはおもしろくできます。ルールは「なし」、何を使っても「オーケー」。一チームに一つの大袋。

年長の『どんぐり組』の子が、

「そり、使ってもいいですか?」

と大きな声で聞きにきました。

「小さな声で言ったほうがいいよ。ほかのクラスにわかっちゃうから」

すると、ヒソヒソ声で「そり使ってもいいですか?」……。

「もちろん。いいこと考えたねー」

担任のアッコ先生によると、そりの所に誰かに持っていかれないように見張りが付いたという。「見張りがいると、かえって分かっちゃうのにねー」とアッコ先生。子どもたちはいろいろにかわいいい知恵を働かせます。

バケツにタライ、ゴザ、段ボール……。何でも道具になります。

すると、「ずるい、ずるい」と子どもの声……。何かと思いきや、大工さんとのこと。巨大な熊手やチリトリを手に現れたのです。大工さんたちは若いお父さんたちが子どもたちの気持ちをくすぐってくれます。するとすぐさま、ある母親から横やりが入ります。

「あれ、すぐこわれちゃうわよ」……。

そうでもなかった。でも大工さんがあれで落ち葉を集めると、子どもたちがバケツやそりに入れて運び去っていきました。

〝ドロボー〟の横行で多少のトラブルもありましたが、それもいい味付け、年中児をはじめ、子どもたちの早いこと早いこと。あの素早さにはびっくりでありました。それにお母さんたちの素早くたくましい動き……。

あの日、あの時、あの場所には、たしかに、いい〝気〟が渦巻いていました。審判は渋谷さん（工務店の社長）と藤井さん（会長）にお任せ。

いろいろありましたが、年長の『きのこ組』と『どんぐり組』は引き分けで一位。マナーでは年少の『もも組』、年中の『たんぽぽ組』は失格……。重ければいいと思ったのか、袋の中に葉っぱに混じって子どもが確か三人、それに一人のお母さんまで入っていました。これも知恵ですね（パチパチ）。年少の『とまと組』の応援の母たちは、四人だけだったそうですが、元気でした。

「うちはね〜、かさはそうでもないけど、ギュウギュウに入れたから重いのよ〜。ああいうふうにして運べないもん」……。

頭の上に持ち上げて運んでいるクラスを見ながら重そうに引きずっていました。

『竹の子村』に落ち葉の山をつくって遊んだとき、昨年は〝指輪〟を失くした方がいましたが、今年はマサミ先生が〝コンタクトレンズ〟を片方なくしてしまいました。

「あーあ」……。Oちゃんの片方のクツはどうやら見つかったようです。

『どんぐり組』はやはりたくさん入っていたのか、大工さんにも手伝っていただき、別のルートで到着。一時五〇分でした。帰り支度に一〇分しかありません。どうも一クラス足りないように感じていました。

翌日、何人かの方に「きのうは楽しかった。ありがとうございました」と言われましたが、こちらこそ「ありがとうございました」です。おかげさまで、グラウンドもきれいになりました。これが終わると冬……。桜の木は初冬の光の中で、黒々とした枝を美しく、凛として伸ばしています。

「冬の木立には輪郭《りんかく》がある」……。

写真家の土門拳《どもんけん》（一九〇九〜一九九〇。『古寺巡礼』など）はそう書いていました（『死ぬことと生きること』、築地書館）。若葉をつけた木々も若々しくってステキだけど、葉を落とした木々の美しさ、力強さも〝いいな〟と思います。

追記：「文化とは汚さないことである」という言葉とともに、「現在は未来の借りもの」という言葉も好きです。借りたら、借りる前よりもきれいにして返すこと、だと思います。

早春賦

枯れ草の薄いベールの下ではすでに小さな草の芽がじっと春を待っています。立ち枯れているジュズダマ（数珠玉）の根本には、かわいい子どもたちが育っています。そしてミモザアカシアは、ほんの少しずつ、黄色の丸い房を増やしています。やがて満開になる日も間近です。

〝たき火〟は寒い朝にはありがたい。からだの芯まで温めてくれます。竹を燃やして大きな音をさせたことは〝スリル〟があっておもしろかった。立春を過ぎると、たき火は、とくによく晴れた日など気をつけねばなりません。春は方向の定まらない気まぐれな風が吹くからです。

「風がないからいいかな?」と思って燃やしはじめると、上昇気流がおこるのでしようか？　こんなとき、紙類の燃やしかたにはとくに気を付けねばなりません。

「段ボールは危ないよ！」

「ヨコにのせちゃダメ！」

「立ててね」

「少しずつ」

「新聞紙はよくねじって！」

「黒い燃えカスが飛ぶからね」

この冬もずいぶん燃やしたものです。その灰は子どもたちも手で運び、山を高くしました。

もうすぐ、一年間の記録をまとめる『表現展』。一年間撮りためたスナップ写真も、なんとかレイアウトが終わりかかっています。わたしのテーブルの上から椅子の上、床まで所せましとテーマ別に積まれている写真を目にした大工の渋谷さんや建築事務所の石井さん、「ワーッ、どうしたんですかー」と、たくさんの写真の山に目を丸くしていました。

「子どもたちのしていることがおもしろくて、ついつい撮っちゃって、自業自得ですよ」……。

そして、その写真の山がレイアウトの台紙に貼られ少しずつ少なくなっていくのを見て、「ずいぶん仕事進みましたね」と、わがことのように喜んでくださいました。

木片にクギを打ち込んでいる真剣な表情、自分の掘った川筋に水が流れ込んでいくのをじっと見つめる目……。写真を通して子どもたちのしていることを見ていると、〝科学する心〟は実験室だけでは育たないことを感じます。

同時に、こんなにいい笑顔がくもることのないよう、「憲法九条」だけは守らなければならないし、「戦争はいけない」、そう強く思います。

そこに実感があるから

子どもを大人の世界から切り離すのではなく、大人は子どもの近くで〝いきいき〟と仕事をし、生活をしていることの必要性を感じます。「大人の営みの中でこそ、子どもは育っていく」、と言ってもいいのではないでしょうか。

三〇年ほど前、『逗子かぐのみ幼稚園』の小関利雄先生（故人）の、「面白そうに絵を描いたり、彫刻なんか彫っている大人が子どものそばにいれば、子どもがじっと見ている。そうしたら、『やりたいのか？　やってみるか』と言えばいい」という言葉は、「どういう人物がそばにいたかだよ」という長坂光彦先生（故人）の言葉とともに忘れられません。

二〇〇八年十一月から十二月、子どもたちとともに、二度とは繰り返されない日々を過ごしました。私たち大人は、子どもたちの健やかな成長のために、そして子どもたちが巣立っていく世の中に対して、何ができるでしょうか。毎日が手探りです。

子どもたちはいま、土を運んでは〝山〟を高くしています。お母さんたちも土を運びます。土、たき火の灰、枯れ葉……。何でも積んでいます。山は少しずつ、確実に高くなっています。「自分の手で高くした」、「自分がそこに関わった」という〝実感〟があります。

この〝山〟はどこまで高くなるだろうか。先日、五歳児たちが〝山〟の高さの測り方を試行錯誤していました。自分たちが関わった大切な〝山〟だから、高さを気にするのだと思います。そして、そこを登り降りする子どもたちの足は、鍛えられていきます。

山をつくる

子どもたち、よく動き回って遊ぶようになってきました。

山の登り降り……。北側からまっすぐに登ることはできても、下りはむずかしい。降りることが大変な子もまだいます。山の南斜面は木や草があるので降りやすい。そして木のトンネルをくぐって斜面を降りるのはおもしろい。子どもたちがかがんで葉っぱをかき分け、このトンネルがくぐりたくなるように、木の下枝に手を入れているところです。

この山の東斜面の中腹に、プランターの古い土などを置くとデコボコになります。デコボコがあるとそこが小さな山道となり、登り降りがしやすくなります。そして土も崩れにくくなるのです。

プランターの土をここにあけると、中からアリ、ミミズ、赤ちゃんミミズ、ハサミムシ、ヒル、そしてコガネムシになるのでしょうか、白い幼虫などが〝モゾモゾ〟と出てきます。それぞれに動きが違う虫たちは子どもたちの心を引きつけます。

虫の動きをジッと見つめる子、手でギュッとつかもうとする子……。こんなとき、幼児の時に壊れそうなもの、つぶれそうなものと付き合うことの必要を感じます。カブトムシのようにかたくて丈夫そうなものはそうでもないのですが、はかない気なチョウチョや小さな柔らかなバッタなどは、そっと気遣ってつかむのです。手加減ということを知るよい機会となります。

昨年からこの山はあわただしくなってきました。園庭の隅にあったミズキやモモの苗を移植したところ、草も生え出し、木も大きくなり、なぜかアサガオらしき花もたくさん咲き、自然にキュウリが生え、たくさん食べることができました。そして何よりも、たき火の灰や泥、枯れ葉……、いろいろなものをみんなで積んであの高さになったのです。切ったり抜いたりした枯れた草もここに積んでいます。いつか東斜面に尾根道を伸ばしたいと思っています。

五感を通す

毎朝、二人の小学一年生がやってきます。残しておいた雨戸を開け、小箒で玄関先を掃き、お花にお水をやってくれます。時には枯れた花をとるなど、花瓶に生けたお花の手入れも……。そしてお給料（？）が一週間で一〇円、いろいろやった時には二〇円。

枯れ葉を箒で掃いて、犬のシロが掘った穴に詰めながら、

「葉っぱはだんだん土になるんだよ」

「だからこれでいいんだよ」……。

プランターの花にお水をやりながら、「水、多すぎるよ」……。

ある朝、工事中で庭に敷いた板が雨のためプカプカと浮いていました。すると、

「幼稚園の木道どうなっているかなー」
「木道、雨が降るとこわれた橋が浮いたみたいになっちゃうんだよねー」……。

あの子たち、雨が降るとよく木道直しをやっていました。また、枯れ葉を〝マジョバーさん〟のところへも運んでいました。

あるきっかけで、何かに思いを馳《は》せることは、見たこと、聞いたことからも生まれます。しかし、〝からだ〟を通して体験したことをきっかけに生まれることのほうが強いようです。五感を通して〝こころ〟の中に滲《し》み通るのかもしれません。

何かに出会ったとき、それにまつわることが思い出される……。そんなことないでしょうか。そのことが人の心をほんの少し幅広く、そして豊かにするのではないかと思うのです。

虫がいつもと違う

あんなにたくさん飛びまわっていたツマグロヒョウモン、近ごろたまにしか見かけません。幼虫が食糧にするスミレはたくさんあるのに……。灰色や紫色がきれいなシジミチョウも少ない。カタバミがあるのに……。ハチもアブも少ない。蚊も今年は少ないように思います（これは助かるが）。これらの虫、八月、九月になったらまた飛びまわってくれるのでしょうか（蚊はイヤだが）。

クロアゲハ、アゲハ、モンシロチョウ、アオスジアゲハなどはいつものようです。反対に、しばらく姿を見かけなかった〝カエル〟は増えています。これは人為的なものもあるかもしれません。そしてコウガイヒルもカナブンも、今年は多いように思います。カナブンの幼虫にとって、良い環境になってきたためということもあるのでしょう。

またうれしいのは、昨年あたりから〝ニイニイゼミ〟が鳴くようになったことです。もうずっと前からその声を聞かなくなっていました。このセミが鳴くと「もうすぐ夏休み」……。このセミの幼虫は「杉の根に住む」といいますが、杉がこのあたりでは無くなってしまったいま、何の木の根で大きくなったのでしょうか。

「地球に大きな変化が……」と言われて久しい。調査したわけではありませんが、私たちの足元でもたくさんの小さな変化、「何か変わってきた」ことがあるように思われて仕方ありません。あまり変化することのない環境にいると、なかなかこの「何か」に気づくことができないかもしれません。大雨が降っても、何も起こることのないアスファルトなどで固められた足元、無理して同種の植物で整えられた場所……。人間から〝自然であること〟が次第に遠ざけられていきます。

〝自然である庭づくり〟をしている『杜の会』の矢野さんがいらして、子どもたちにも話や作業の仕方を教えてくださるという。それまでどう過ごそうか、考えているところです。

この感じなんだよね〜

感触を体験する

二学期を迎え、子どもたちの背も伸びたけど、麦わら帽子のゴムも伸びました。園庭の草を刈っていると、夏の強い日差しから身を守ろうとしていたのか、草が春の頃よりずっとかたくなっているのが手を通して伝わってきます。

草むらの中にみどりの小さなカエルを見つけた二人の年中組の男の子が、「カエルの足ってベタベタしてるんだよ」と、話していました。以前、中学生になった子が二人、キバナコスモスが咲き、種がたくさんついたころ、園に遊びに来たことがありました。

「この感じなんだよね～」……。

この花の種の〝カリッ〟とこぼれ落ちる感触を懐かしんでいました。

幼虫をつかみ、カマキリをつかみ、ほこりをまき散らして煙を出し、ドロドロの砂をかき回す……。一見ムダなことに思えるかもしれませんが、遊びながら、仕事をしながら、手足を動かし、〝感じる〟ことが原点であると思います。

稲刈りを通して、子どもたちはいくつもの〝感触〟を体験しました。ザラザラした葉、根本をハサミで切るとき手に伝わるもの、根本をヒモで結ぶときの音、稲穂の重み……。ひとつひとつの感触を大切に体験させたいと思います。

カマキリと実感

年長の『どんぐり組』の子が『きのこ組』でメスのカマキリがオスのカマキリを頭から食べてしまうようすを見て、

「ぼくは人間でよかった」

と言ったそうです。この成り行きをジーッと見ていなければ、こういう〝実感〟のこもった言葉は出てこないと思います。カマキリのザラザラとしたカマと、オスを食べるときのムシャムシャした感触……。この子の脳裏に焼きついたことでしょう。からだの〝記憶〟として残るほど感触を体験すること、そして、実感すること……。どれも時間のかかることです。また漠然《ばくぜん》としていて測ることはできないことですが、大切なことだと思います。

出会ったことば

この夏、旅先である彫刻家と科学者の〝ことば〟に出会いました。

「見るというのは言葉につながるんだけど、〝さわる〟というのは心につながる」

（北海道・アルテピアッツァ美唄で見つけた彫刻家安田侃の言葉）

「わたしは、子どもにとって、どのようにして子どもを教育すべきか、頭を悩ませている親にとって、〝知る〟ことは〝感じる〟ことの半分も重要ではないと固く信じている」

（レイチェル・カーソン著『センス・オブ・ワンダー』の一節より、上遠恵子・訳）

長さと数

夏季保育の一日目、カエルはほとんどプールから跳び出していったので、プールで育ったヤゴ救出もかねてクラス対抗で「何匹つかまえられるか」という活動をしました。

「○○クラス、○○匹」と言葉で伝えたのでは、とくに三歳児など理解できないのではないかと思い、「表」につかまえたヤゴの数だけ小さな丸い印 ○ で描いてみたところ、小さな指でみんな数えていました。

年中児のあるクラスでおもしろいことがありました。

「このクラスが31なので、この組が一番だよ」

という子に対して、

「このクラスが一番長いからここが一番だよ（数に関係なく、書かれた ○が大きいので列が長い）」……。

同じクラスの中でも、生まれ月の差で「こんなにも違うのか」と思いました。

たき火の効果

ちょっと肌寒かった日、火を燃やしてみました。本当に久しぶりの〝たき火〟……。九月にたき火をして温まるなんて、初めてでした。

すると、集まってくること、集まってくること……。その温かさのためもあるでしょうが、火の力を思い知らされました。新型インフルエンザに〝たき火〟の効果はあるでしょうか。

男の子のプライド？

年中組の男の子が、たいこ橋からお尻をついて〝ストン〟と落ちてしまいました。下は柔らかい土なので問題ないでしょう。

見ていると、その子はまず、周囲をキョロキョロと見まわしました。「誰かに見られたか？」ということをまず気にしたようでした。それから自分のお尻のほこりをはたいていました。どうも女の子より男の子のほうが、格好つけるというか、プライドが強いように思います。これも夏休みを過ぎてからの成長でしょうか？

これベランダー?

「先生、これチョウチンカズラ?」……。

年長児のKくんが、桃山の斜面に生えているセンナリホオズキ(千成鬼灯)を指さしました。フーセンカズラの形から連想したのかもしれません。たしかに黄緑色の小さな実は、提灯《ちょうちん》のようです。

また、わが家の庭に子どもたちが遊びに来るのですが、薄紫の穂の形をした花を指して、「ベランダーだ!」

と言っていました。「ラベンダー」と間違えたのでしょう。似ていると思いました。

いつの間にか、付いた名前はたくさんあります。ヨコバイは〝バナナムシ〟、イノコズチ、オナモミ……などの実は〝クッツキムシ〟、銀色の虫は〝ギンムシ〟。本名より愛称のほうが、それらしいのです。

今年はシソ（紫蘇）が多く、園庭はシソだらけ。まるでシソが「いまこれを食べるといいよ。免疫がついてカゼひかないよ」と言っているようです。シソの実は香りがあり、本当においしい。

カシワ（柏）の実もたくさんなりました。これも、いま食べるとからだにいいのでしょう。小さいお団子にしていただきました。「おいしかった」……。遠い祖先、縄文時代の味なのかもしれません。なつかしい味でした。

子どもの価値観

ある土曜日の夕方のことです。『竹の子村』のわきの道を歩いていると、中になんとなく人の気配を感じます。「気のせいかな？」と思いながら竹の子村へ行ってみました。すると、段ボールを持った男の子がひとり立っていました。

「ここで何してるの？」……。

よく見ると、木の陰にたくさんの段ボールとガムテープを使って、しっかりした「小屋」ができていました。小屋の中からも、申し訳なさそうに、四人の男の子が出てきました。みな六年生でした。

彼らの言い分はこうです。

「お父さんたちは子どものころ、原っぱで小屋をつくって楽しかったと話してくれる。ぼくたちもそれやりたいけど、やるところがないんだ。木の上は〝あぶない〟っていうし」

「こういう遊び、幼稚園のとき、やったことがない。ぼくたちの先生は若い先生だった。年とった先生（わたしのこと）は、むかしやったことがあるので、こういう遊び教えられるんだろう」

ちょっと違うんだけどなー。

「幼稚園はおもしろくなかった。こういうことをやりたかった」……。

出身園を聞くと、ひとりひとり違うが、近隣の幼稚園出身でした。

「でも、だまって入るのよくないよ。それに小さな木を曲げちゃったし、草もたくさん抜いてるよ（屋根に乗せていた）。おばさんちの幼稚園の子は、木や草を大切にしてるよ。そして手入れもしてるよ。もう四時を過ぎてるし、暗くなるし、片づけて帰ろう」……。

そのわたしの言葉にうながされ、彼らは片づけにかかった。ふと思いつき、わたしはミカン五個もって取って返した。

「ちょっと待ってー。せっかくつくった家なんだから中でミカン食べていきなさい。

自分でつくった家で食べるとおいしいよー」

半分壊れた段ボールの家で、おいしそうにミカンを食べながら、彼らはケータイのカメラに向かって、ニッコリ笑ってピース！。

彼らはいい感覚の持ち主なのです。ただ〝したくて、したくて〟たまらなかったことをしただけなのです。

五人が帰った跡を見たら、曲がった木はまっすぐに直され、段ボールの破片ひとつ落ちていませんでした。そして、入るときは塀を乗り越えてきたであろうに、帰る時は、門から〝ピョコン〟とお辞儀をして帰っていきました。わが家の門のところで、時間をかけて段ボールをきちんとたたみ、自転車に積んでいったようでした。

彼らがおいしそうにミカンを食べていた段ボールの家は、中瀬幼稚園の子どもたちがつくった家と、そう大した違いはありませんでした。

子どもたちがやりたいこと、どうも大人はわかっていないようです。わたしもわかっていないことがまだまだたくさんありそう。大人の価値観と子どもの価値観は違う。

そんなことがあった明くる日、年長児のHちゃんが、わたしの紙袋の中を見て言いました。

「ヨシコ先生って、すごいもの持ってるね〜」

その中には、〝バザー〟（お店屋さんごっこ）のとき、クジで当たったキンキラの折り紙、ドングリ、きれいな針金、小さなカードなどが入っていました。ただそれだけなのに……。これも価値観の違いかな？

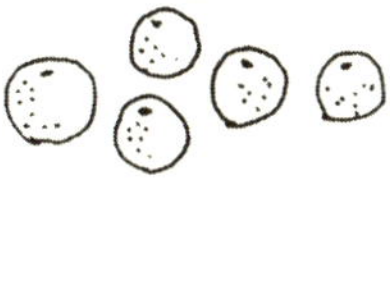

明日を希って生きる

今年、二〇〇九年は紅葉がいつになく美しい年でした。ムクロジやセンダンに朝日が差して、そこだけスポットライトが当たったかのように、柔らかい光に輝くときがありました。「朝日に〝にほふ〟(丹秀ふ)」とは、まさにこのような光景をいうのでしょう。

その下を、木道を走って子どもたちが園舎のほうへと消えてゆく。森の奥の〝ひみつの花園〟へと向かっていくようでした。十一月末から十二月の初めにかけて、九時少し前の、一瞬の出来事でした。葉が落ち、太陽の位置が低くなってしまった今では、この光景はもう見られません。

先日、『東京都写真美術館』でアフリカの写真を観ました。ブラジルの写真家・セバスチャン・サルガドの写真展です。モノクロの写真の光線がシャープで、そして柔らかでした。しかし、被写体は木々や元気な子どもたちではありませんでした。死体や飢えでやせた子どもたち、多くの孤児。そして老人や女性たち、地雷で傷ついた人、やせた家畜。そして人災のため、広がった砂漠の風景……。

しかし、悲惨な生活の中にも、明日のことを希《ねが》って生きようとしている力強さが感じられ、救われました。とくに若い母親の笑顔の一枚に……。

園庭に差す光、アフリカの砂漠に差す光……。光はどこへも同じように差してくれます。葉を落とした冬木立が地面に長い影を落とすとき。本格的な暮れになる前の、初冬のつかの間のこの時期がわたしは好きです。

理想のこども像って？

あきらめない

先日、凧《たこ》を作って揚げました。三歳児はスーパーの袋で……。これは持ち手の片方にヒモをつけると、口が開いて空気が入り、よく揚がります。また、紙と毛糸と紙テープでつくる凧は意外とよく揚がります。ポイントは、糸目の位置とシッポの長さなど全体のバランスです。

この〝凧あそび〟も、子どもたちが少し成長した〝今〟、そして風が吹く〝今〟がチャンスです。そして、あがらない時はどうすればよいか。「手をかけること」……。これも〝手入れ〟をすること、〝修理〟することに通じます。そして遊ぶこと、モノを作ることは〝科学〟することでもあります。

うまく揚がらないときはあきらめず、何とかしてうまく揚がるようにしたいと思います。人にやってもらう子もいます。自分で工夫する子もいます。バランスがよかったのか、偶然よく揚がる子もいます。あまりにもヘタなので、見ていられず、こちらで手を貸してしまうこともあります。

自分で作ったものが、うまく揚がってくれた時はうれしいものです。そして、なかなかうまくいかないから、こんなにおもしろいのだと思います。でも、ここで〝あきらめない〟という力が必要です。

凧揚げをすると、高い所は「風がありそう」ということも知ります。それででしょうか、桃山、たいこ橋、地球ジャングル、クローバーの山などに（子どもたちは）群がっていました。ぬかるんだ土の上、プランターなどのある細い道、木々の間を走りまわる子どもたち……。凧を手にしているのに、うまく走り抜けるものだと思います。

三歳児たちは、走りながら自分の凧が揚がっているかどうか、確かめることができません。立ち止まって後ろを見ると、ビニール袋の凧は地面の上……。そんなほほえましい記録をマサミ先生が書いていていました。

理想の子ども像

先日、日本教育新聞社の記者の方がみえました。

「理想の子ども像は?」……。

と聞かれました。

そんなこと考えているようで考えていないことに気づきました。

ときどき見ます。

「なかよく、元気で、のびのびと」……。

なんだかウソっぽいですね。

いま考えられる理想のこども像って、「自分の手を使うこと、自分の手を汚して何かをつかみとること」……。それも理想の子ども像、いや人間像かもしれません。

たき火にくべるため、太くて長い青竹を、みんなで協力して運んでくる姿、枯れ枝を小さいからだで一生懸命に抱えてくる姿、箒を手にして、自分たちが使った所をきれいにしている姿。大きな氷を持ち上げている姿……。

「いいなー」と思います。

土と肌

先日、園庭が〝アッ〟という間に変わりました。土まじりの枯れ葉を敷き詰めたからです。はじめは『杜の会』の矢野さんの用意したチップをまきました。剪定で出た葉や枝を細かくして少し発酵させたものです。この中に針葉樹が混じっていたので、チップのまき始めは気持ちのよい匂いが漂っていました。

子どもたちの〝仕事〟のおかげで、園庭はあれよあれよという間に変身し、山道のようになりました。

「すごいパワーですね。圧倒されますよ！」……。

たしかに、この日の朝の矢野さんの仕事を手伝う子どもたちの動きには〝気合〟が入っていました。

冬は、人間の肌と同じように土も乾燥するので〝保湿〟のためだそうです。土の上に葉っぱを敷き、水をかけるといいそうです。ですから、今までは葉っぱを木の根本などに寄せながら掃いていましたが、今までとは逆のことをするわけです。たき火で作った灰もまきました。こうすると、またホコリが舞い上がらず、土が落ち着き、植物のためにもいいということです。

今までやっていただいたことを思い返すと、矢野さんも、ここの土に適したより良い方法を求めて試行錯誤しているのかな、と思います。

土は生きているので、本当に大変です。

だいぶ前のことになりますが、ある方がわたしに言いました。

「時代が変わってきたので、お母さんたち大変でしょ？」

「いいえ、本当に大変なのは土です」……。

その方は何のことか、キョトンとしていました。

一面に砂をまいてしまえば、またコンクリートなどにしてしまえば楽かもしれません。しかし、土であることの意味は大きいです。

何ごとも試行錯誤……。よかれと思ってしたことでも思わぬ結果を招くことがあります。

それは、子どもたちと枯れ草を切っていた関さんが気づいたことです。カマキリの卵のまわりの枯れ草を切ったら、野鳥が卵に気づいたのか、卵をつついてしまったそうです。これは野鳥にとっては〝シメシメ〟でした。これからはカマキリの卵の周囲の枯れ草は残すことになるでしょう。

温暖化防止のための〝芝生化〟は、肥料や道具なども原因で、かえって〝温暖化〟を招くという調査結果を目にしました。本当かどうか?

あの日、いろいろ工夫して土を運ぶ子どもたちの姿、器用に大きいシャベルなどを使ってマジョバーさんの所の土を掘り起こす子どもたちの姿……。エネルギッシュでした。鬼の来る節分の日を恐れつつ、子どもたちは元気に遊び、そして仕事をしています。

鬼の来る日

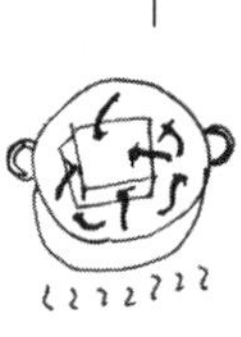

今年はいつもの年より、子どもたちは節分の日、〝鬼〟がくることを意識していました。

鬼を追い払うために「投げる！」と言ってセンダンの実を集めたり（この実は大豆にそっくりなのです）、あの日は、それぞれのクラスの窓に工夫された〝鬼よけ〟が付けられていました。タワシ、イワシ、ヒイラギ、また怖い（つもりの）ものを描いて貼ったり、「いま散歩に行ってます」と居留守を装うクラスもありました。

あの日、門を入る子どもたちの足どりはなんとなく重く、「だいじょうぶよ」などと母親に励まされている子もいたが、何の役にも立たなかったに違いありません。

『節分子ども会』のあと、部屋で鬼が来るのを待っている子どもたちは微動だにせず、その視線は〝ピーン〟と張りつめていました。

「どうしてる？　豆たべた？」……。

そーっとドアを開けてみると、そこに立っていたのは鬼ではなくわたしだったせいか、〝ホッ〟とした視線を見せる。しかし、それでも緊張した視線はやはり〝ピーン〟としてわたしに集まりました。各クラスをのぞいてみましたが、反応はみな同じ。

今年の〝鬼〟は、一匹人並みにカゼをひいたのか、一匹休みで、全部で九匹。

昨年も怖かったが、今年も怖かった。

子どもたちの〝叫び〟に、外を通る方が、

「ナマハゲですか？」

とおっしゃったそうです。

「ナマハゲはもっと怖い」……。

と、出身が秋田のアヤノ先生。両親の実家でナマハゲの被害にあったそうです。

〝鬼〟はまず『たんぽぽ組』に乱入。子どもたちは豆を投げる余裕もありませんでした。ただただ大人に助けを求め、しがみつくのみ。しがみつかれたYさんは、終始ゲラゲラ笑っていました。団子になった友だちの隙間《すきま》を見つけて、無理してもぐり込む子どもたち。頭隠して尻隠さずである。

「あれっ？　これ何かに似てる」……。

そうだ、これドジョウ鍋だ！　わたしは食べたことがないのだが、ドジョウ好きの母が「おいしい」と言っていました。鍋に豆腐とドジョウを入れて煮立てる。するとドジョウは熱くて熱くて、まだ煮えていない豆腐の中に頭からもぐり込む。ドジョウが煮えたところを崩して食べるのだというのです。

子どもたちはまさに、豆腐にもぐり込むドジョウそのものでありました。

このとき、ひとりのかわいそうな子がいました。仰向けに床に転がってしまったところに友だちが乗っかってしまい、足はもちろん手も出すことができません。目をつむればいいのに、パッチリとあけています。その周囲を鬼が……。わたしはからだをできるだけ伸ばして、団子になっている子どもたちの上におおいかぶさりました。

年長の『きのこ組』、みな、ゴザをかぶっていたがムダでした。次々とゴザははがされていったからです。担任が〝鬼〟に引きずられていくのに、子どもたちはなかなか助けに行きません。ようやく〝鬼〟に立ち向かったのは、泣きながらも女の子でした。

女の子は強い……。幼児の世界でも〝草食男子〟が増えているのだろうか！　これから先が心配です。

『どんぐり組』では、やはり担任が引きずられていたが、重かったのか、手に負えず、鬼はあきらめていました。

わたしはあまりの惨状に、〝たき火〟のところにいた方に「助けてー！」と叫びましだ。どちらを助けるのかと思いながら駆けつけたFさんは、部屋に入ってすぐ、「これはあきらかに子どもたちのほうだ！」と思ったそうです。

わたしは以前言われました。

「ヨシコ先生はどっちの味方？」……。

いたずら坊主を〝鬼〟に差し出したり、守ったり、〝ニコニコ〟してカメラを向けたり……。あいまいに思ったのしょう。

今年はいつもの年より怖がっていたので、「どうしてもダメだったら〝たき火〟の所へ逃げてもいいよ」と話しておいたら、三人がこっそり逃げていきました。そしてMさんの陰に隠れて様子を見ていました。Eちゃん、Mちゃん、来年は逃げ場を作るのやめようかな？

「あの日、少しやり過ぎたかな?」……。

でも怖いもののない、なんだか生ぬるーい昨今、時には怖いもの必要なんじゃないかな? 『幼児期を考える』(相川書房、二〇〇四)の〈暗い所と怖いもの〉、共感してくださる方が多いのです。

部屋から出て行こうが、泣き叫ぼうが、どんなかたちにせよ、休まずにこの日を乗り越えると、みんなスッキリとして、自信をつけるようです。そしてみんな喜んで小学校へと行かれるのは、もしかしたらこの日があるからかもしれません。

「小学校には鬼がこないんだよ」……。

もちろん、それだけではないでしょうけど……。

節分を過ぎると立春……。あの朝、赤に、青に光を放った凍った水滴が小枝に並んで付いていました。子どもたちはあちこち探して口にしていました。わたしも試しましたが、美しくておいしかった。あれは春の神様のプレゼントだったかもしれません。

追記:節分の日、多少夜思い出して泣く子もいたようです。ある子が「ママがいなくちゃだめだー」と、母に抱きついたそうです。母は、じつは〝鬼〟でありました。

あとがき

花壇の改修をするため、その周囲のレンガを掘り起こすこと、「子どもたちでできるかもしれない」と思い、やってみたところ、年中組の男の子たちを中心にまたたく間にいくつものレンガを土の中から掘り出してしまいました。子どもたちは、レンガとレンガの間の土を「まず取り除くとよい」と、とっさに思ったようです。これは土の中に埋まっていて、その一部が少し見えている石などを掘り出すときに知った〝コツ〟だったのでしょう。

レンガとレンガの間の土を指でほじって溝をつけ、手ごろな太さ・長さの枝を見つけてきてさらに掘る。レンガのまわりの土をある程度除くと、土の中にしっかりと埋まっていてびくともしなかったレンガは少しグラグラとしてきて、二人で協力するとレンガは簡単に土の中から取り出すことができました。

この土の中に埋まっているものをうまく取り出すという行為は、人間の〝本能〟からくるものなのでしょうか？　子どもたちはこのような遊びが大好きです。

すると、掘り出した土のついているレンガを、水の中に入れて、洗ってきれいにする子どもたちの集団ができました。収穫したクルミ（胡桃）を歯ブラシなども使って磨いていた子たちです。レンガの場合は、歯ブラシよりも棒やタワシのほうがいいようです。枯れた草や草の根っこを丸めて〝タワシ〟にしている子もいました。

「いろいろ試したけれど、葉っぱがいちばん」という子もいました。葉っぱの表面は〝キメ〟が細かいので、レンガの表面がきれいになることに気がついたのでしょう。糸を使う子もいて、びっくりしました。糸をレンガの上でピンと貼って〝こする〟のです。子どもは体験を通して、道具の使い方や身近なものを道具として使うことを身につけていくのでしょう。

この様子を見ていて、子どもは大人が考えているよりも〝繊細〟であり、細かいことに気づいていること、大ざっぱではないのだということに、改めて気づかされました。このことに深く気づいて今まで〝保育〟を考えていただろうか、そして子どもたちに接していただろうか……。考えさせられました。

初冬の園庭にて　二〇一五年十二月

本書は『中瀬だより』一七〇号（二〇〇三年五月三十日）～二七〇号（二〇一〇年二月九日）を底本とし、改変・加筆した。また、本文中の肩書き等は当時のままとした。

■ 著者略歴

井口 佳子（いぐち・よしこ）

中瀬幼稚園園長。東京生まれ。1968年、実践女子大学卒業。1978年、中瀬幼稚園園長就任。国立音楽大学非常勤講師、実践女子大学非常勤講師を経て、現在大妻女子大学非常勤講師を勤める。
主な著書：『幼児期を考える―ある園の生活より』（相川書房、2004年）、『幼児の描画表現―子どもの絵は子どものことば』（相川書房、2014年）、『0歳からの表現・造形』（共著、文化書房博文社、1991年）、『保育内容・表現』（共著、光生館、2009年）、その他執筆多数。

■ 中瀬幼稚園の映画

『風のなかで──むしのいのち くさのいのち もののいのち』（グループ現代、2009年）
『屋敷林の手入れと子どもたち』（グループ現代、2012年）
『子どもは風をえがく』（オフィスハル、2015年）

■ 中瀬幼稚園

〒167-0022　東京都杉並区下井草4-20-3

保育随想3

幼稚園《ようちえん》は事件《じけん》がいっぱい

2016年2月15日　初版第1刷発行

著　者　井口 佳子
発行者　佐々木久夫
発行所　株式会社 人間と歴史社
東京都千代田区神田小川町 2-6　〒 101-0052
電話　03-5282-7181（代）／ FAX　03-5282-7180
http://www.ningen-rekishi.co.jp
装　丁　人間と歴史社制作室
印刷所　株式会社 シナノ

ISBN 978-4-89007-201-9　C0037